品牌出海

国际化时代
企业发展与增长战略

何丙锁◎著

中国铁道出版社有限公司
CHINA RAILWAY PUBLISHING HOUSE CO., LTD.

图书在版编目（CIP）数据

品牌出海：国际化时代企业发展与增长战略 / 何丙锁
著. -- 北京：中国铁道出版社有限公司，2025.3. -- ISBN
978-7-113-31907-6

Ⅰ. F713.3

中国国家版本馆 CIP 数据核字第 2025FA1034 号

书　　名：**品牌出海——国际化时代企业发展与增长战略**
PINPAI CHUHAI：GUOJIHUA SHIDAI QIYE FAZHAN YU ZENGZHANG
ZHANLÜE

作　　者：何丙锁

责任编辑：冯彩茹　　　　　　　编辑部电话：（010）51873005
封面设计：宿　萌
责任校对：苗　丹
责任印制：赵星辰

出版发行：中国铁道出版社有限公司（100054，北京市西城区右安门西街 8 号）
网　　址：https：//www.tdpress.com
印　　刷：河北宝昌佳彩印刷有限公司
版　　次：2025 年 3 月第 1 版　2025 年 3 月第 1 次印刷
开　　本：710 mm×1 000 mm 1/16　印张：10　字数：150 千
书　　号：ISBN 978-7-113-31907-6
定　　价：68.00 元

前 言

　　随着互联网的普及和物流体系的日益完善，地域的界限逐渐被打破，我国众多品牌凭借自身的创新能力和优质产品，勇敢地迈出了出海的步伐，在国际市场上崭露头角。

　　互联网迅猛发展使得全球市场的信息壁垒被大幅削弱，消费者能够更便捷地接触和了解来自世界各地的品牌。　新兴市场的崛起，如东南亚、非洲等地，为各类品牌提供了广阔的增长空间。　同时，全球消费者对个性化、高品质产品和服务的需求不断增加，这为具有创新能力和特色的品牌提供了更多发展机遇。　此外，AI 技术的崛起，为品牌进军国际市场提供了数字营销方面的强大助力。

　　然而，品牌出海也面临多重挑战。　文化差异是首要障碍，品牌需深入理解并适应各国独特文化、价值观和消费习惯。　市场竞争激烈，品牌需提升产品质量、价格及服务竞争力。　知识产权保护及法律法规差异也不容忽视，品牌需增强知识产权意识，合规运营。　供应链稳定性也是关键，品牌需防范突发事件导致的供应链中断风险。

　　本书旨在为品牌出海提供全面而深入的指导。

一方面，本书聚焦品牌出海过程中的要素，涵盖了从宏观的战略制定，如把握国际化趋势、规划出海路线，到微观的具体操作，如组建海外团队、市场调研、明确独特定位、精心打造优质产品等诸多方面的内容。同时，本书还强调渠道布局、供应链管理、营销推广等方面的重要性，帮助企业在出海过程中构建强大的竞争力。

另一方面，本书深入探讨了品牌出海可能面临的风险及应对策略。针对安全与合规问题，本书提出了建立有效"保护网"的建议，以应对复杂多变的国际市场环境。同时，本书强调了合作伙伴的重要性，指出与合适的搭档携手能够实现资源共享、优势互补，共同在国际市场中谋求发展与增长。

本书不仅讲解了品牌出海的相关理论，还融入了大量案例，介绍了顾家家居、库迪咖啡、致欧科技、名爵汽车、SHEIN（希音）、Temu（拼多多跨境电商平台）等企业在全球化浪潮中的卓越实践。这些案例不仅展示了品牌出海的成功路径和策略，还为企业提供了宝贵的经验和启示。

品牌出海对企业产生的影响广泛而深远。在经济层面，品牌出海能为企业带来更广阔的市场、更多的客户和利润，推动企业规模扩张和经济实力增强。在品牌建设层面，出海能够提升品牌的国际知名度和美誉度，塑造高端品牌形象，提升品牌价值。在创新层面，多样化的市场需求和激烈的国际竞争将促使品牌加大研发投入力度，推动产品和服务创新升级。在企业管理层面，品牌出海促进企业内部管理和运营优化，企业将接轨国际标准，提升运营效率和发展质量。企业成功布局海外市场有助于整合全球资源，提升综合实力，为长期发展奠定坚实基础。

何丙锁

2025 年 1 月

目　录

第 1 章

国际化战略：品牌出海热潮已至

在全球化浪潮的推动下，国际化发展已成为企业腾飞的必由之路。如今，品牌出海的热潮涌动，众多企业竞相扬帆，踏上了开拓海外市场之旅。这不仅推动了全球资源的优化配置，更为企业带来了前所未有的机遇，助力其提升品牌影响力，实现多元化发展。

1.1 全球化时代，瞄准海外市场

全球化时代，出海是品牌开辟新增长曲线的最佳选择。近两年，政策东风正劲，为品牌出海提供了有力支持，因此企业应加大出海力度。东南亚、欧洲等地是关键海外市场，企业应在这些地区积极布局，拓展市场空间，提升品牌影响力，实现新的突破与发展。

1.1.1 出海：开辟新增长曲线的最佳选择

随着国内市场竞争日益激烈，市场饱和度逐渐提高，企业面临增长瓶颈。在这样的背景下，海外市场的吸引力越发凸显。对企业而言，出海意味着进入一个更广阔的市场，拥有更多的潜在客户群体。以智能手机市场为例，经过多年的发展，国内市场格局已相对稳定，增长空间有限，品牌出海则为企业开辟了一条全新的增长路径，其作用如图 1.1 所示。

1. 帮助企业实现资源优化配置

不同国家和地区在资源、技术、劳动力成本等方面存在差异。通过出海，企业可以在全球范围内寻找最优质、最经济的资源，降低生产成本，提高生产效率。同时，企业还可以利用海外的先进技术和创新理念，提升自身的研发能力和产品竞争力。例如，国内的一些汽车制造企业通过在欧洲设立研发中心，吸收当地的先进技术和人才，提升了产品品质和技术水平，增强了企业在国际市场上的竞争力。

图 1.1　品牌出海的作用

2. 有助于企业分散经营风险

企业应深化布局，通过多元化产品线和服务模式，满足消费者的需求，降低对单一产品或市场的依赖。同时，在立足国内市场的基础上，积极探索国际化道路，通过布局海外市场，企业可以实现多元化经营，从而有效分散经营风险。当某一地区的市场出现问题时，其他地区的市场可以起到一定的缓冲作用，保证企业的稳定发展。

3. 提升品牌价值和影响力

在国际市场上取得成功，品牌能够获得更高的知名度和声誉。当一个品牌在全球范围内被消费者认可和接受时，它所代表的不仅是产品本身，更是一种文化、一种价值观。知名品牌的内在价值已经超越了产品的功能属性，成为消费者心目中某种文化符号和生活方式的代表。对企业来说，拥有高价值的品牌意味着更高的产品附加值、更强的市场定价权和更忠诚的消费者群体。

总之，出海不仅是企业跨越国界、探索全新增长路径的关键举措，更是其实现全球化战略布局的重要一环。通过出海，企业能够拓宽市场，挖掘更多商机，进而在全球舞台上实现持续且稳健的发展。

1.1.2　乘政策东风，加大出海力度

2024 年不少城市出台了相关政策，直接或间接支持了出海。比如，2024 年 7 月，北京市商务局发布了《2024 年支持跨境电子商务发展项目申

报指南的通知》（以下简称《通知》），为品牌出海注入了强劲动力。《通知》提出，通过资金支持，推动跨境电商平台建设，增强跨境电商体验店的运营实力，以及提升跨境电商仓储物流服务能力，每个项目的最高支持额度高达 100 万元。《通知》的发布，无疑为众多志在拓展海外市场的企业带来了巨大利好，为它们的国际化进程注入了新的活力。

近年来，我国政府对税收政策进行了持续优化与调整，旨在切实减轻品牌出海的负担。例如，针对出口企业，政府推行了出口退税政策，根据企业出口货物的具体种类和规模，退还一定比例的增值税和消费税。此举不仅显著改善了企业的现金流状况，还提升了出口产品的价格竞争力，使企业在国际市场上能够以更具吸引力的价格赢得消费者的青睐。此外，对在海外投资建厂、设立研发中心的企业，政府也提供了相应的税收优惠，以降低企业的运营成本，鼓励企业在海外进行长远的战略布局。

在贸易便利化方面，政府不断加强与其他国家和地区的贸易合作，积极推动签订自由贸易协定（free trade agreement，FTA），以打破关税壁垒，简化通关手续，提高货物通关效率，为企业产品出口和海外市场拓展提供了极大的便利。例如，中国—东盟自由贸易区的建立，使得中国与东盟国家之间的贸易往来更加频繁，为我国企业进入东盟市场创造了有利条件。此外，政府还大力推进跨境电商综合试验区建设，完善跨境电商的监管政策和服务体系，支持企业通过电子商务平台拓展海外销售渠道，降低市场开拓成本。

在"一带一路"倡议引领下，政府积极推动基础设施互联互通，加强与共建国家的产能合作，为品牌出海搭建了广阔的平台。"一带一路"共建国家拥有庞大的人口基数和巨大的市场潜力，为我国企业提供了丰富的商业机会。通过参加"一带一路"共建国家的展会、经贸洽谈会等活动，企业可以了解当地市场需求，对接合作项目，推动品牌在"一带一路"共建国家落地生根、开花结果。

乘着政策的东风，企业能够进一步加快品牌出海的步伐。面对如此良机，企业应积极响应政策号召，以更加开放包容的心态和切实有效的行动，将品牌推向更为广阔的海外市场，从而在国际舞台上展现独特的魅力和竞争力。

1.1.3　关键海外市场：东南亚、欧洲等

品牌出海是企业在国际市场上获得成功的重要一步，关键在于选择有潜力的海外市场。在众多海外市场中，东南亚与欧洲市场备受瞩目。

近年来，东南亚地区经济快速发展，人口基数庞大，中产阶层消费群体日益壮大；互联网用户数量持续增长，电子商务市场规模迅速扩大。值得一提的是，印度尼西亚、泰国、马来西亚、越南等国家，在消费习惯和需求上呈现出多样化和个性化的特点。例如，印度尼西亚作为东南亚最大的经济体，对时尚、美容、电子设备等产品需求较高；泰国旅游业繁荣，旅游相关产品和服务需求旺盛；马来西亚的消费者则很青睐高品质的家居用品和健康食品。

对出海企业而言，东南亚市场的优势不仅在于其巨大的消费潜力，更在于其与我国在文化和地理上的相近性。这使得我国企业能够更深入地理解当地消费者的需求和偏好，降低进入当地市场的难度和风险。

而欧洲作为全球经济的重要组成部分，拥有成熟的市场体系和庞大的消费市场。各国在经济发展水平、文化传统、消费习惯等方面存在显著差异，为品牌出海提供了多元化的发展机会。

瑞典、丹麦、挪威等北欧国家，收入水平较高，消费者对智能家居、绿色能源、时尚设计等领域的产品有着较高的需求。

意大利、西班牙、葡萄牙等南欧国家，拥有丰富的文化底蕴和繁荣的时尚产业，消费者对时尚服饰、美容护肤、旅游休闲等产品和服务有着较高的需求和追求。

德国、波兰、捷克等中欧和东欧国家，拥有坚实的工业基础和强大的技术实力，消费者对汽车、机械、电子等工业产品和高科技产品有着较高的需求和关注度。

东南亚和欧洲作为品牌出海的关键海外市场，为企业提供了广阔的发展空间。企业需要根据自身的发展战略和目标市场的特点，制定科学的品牌出海策略，以有效应对市场挑战。

1.2　趋势：从产品出海到品牌出海

企业出海可分两个阶段进行：产品出海和品牌出海。在产品出海阶段，企业主要聚焦于将产品推向国际市场，侧重于快速占领市场份额。随着产品在国际市场上站稳脚跟，企业可以逐步过渡到品牌出海阶段。

1.2.1　第一阶段：产品出海

产品出海是许多企业走向国际市场的第一步。在这一阶段，企业的核心目标是将产品推向海外市场，以扩大市场份额和增加销售额。

产品出海的兴起，得益于全球贸易的不断发展和交通、通信技术的进步。企业不再局限于本土市场的竞争，开始放眼更广阔的海外市场，寻求新的增长机会。对在国内市场已经积累了一定生产能力和技术实力的企业来说，产品出海是实现规模扩张和资源优化配置的必然选择。

以我国的制造业为例，过去几十年间，众多制造企业纷纷踏上产品出海的征程。在电子制造领域，我国众多企业凭借先进的生产技术和高效的流水线作业，生产出大量质优价廉的电子产品，如智能手机、电脑配件、家用电器等，并将这些产品出口到世界各地。这些产品以其高性价比的特点，迅速在海外市场占据了一席之地，满足了不同地区消费者对电子产品的基本需求。

在服装制造行业，我国的服装企业利用丰富的劳动力资源和成熟的生产工艺，生产出款式多样、价格实惠的服装产品，出口到欧美、东南亚、非洲等地。无论是时尚的潮流服饰，还是功能性的工作服装，都在海外市场收获了一定的客户群体。

通过产品出海，企业不仅能够开辟全新市场，扩大市场份额，增加销售额，还能赢得国际市场的认可，为品牌出海奠定基础。

1.2.2　第二阶段：品牌出海

企业在产品出海阶段积累了一定的市场基础和经验后，就可以迈向品牌出海阶段。品牌出海不仅是将产品推向海外市场，更是企业在全球范围内塑造具有高认知度、美誉度和忠诚度的品牌形象的重要过程。

与产品出海相比，品牌出海要求企业更深入地研究目标市场的文化、消费习惯、审美观念以及法律法规等多元因素。以海尔为例，其在品牌出海过程中，深入剖析不同国家和地区消费者的需求和偏好，针对性地进行产品研发和设计。

在欧洲，海尔推出的冰箱、洗衣机等产品符合当地的节能环保标准和设计风格；而在东南亚，海尔针对炎热潮湿的气候推出了健康智能空调产品。这些举措帮助海尔在国际市场上逐步树立了优质的品牌形象和良好的口碑。

在品牌出海阶段，品牌传播策略的重要性不言而喻。企业需要借助多样化的营销手段，在目标市场展开全方位、多层次的品牌推广。社交媒体、线上广告、线下活动、赞助合作等都是有效的传播渠道。通过讲述品牌故事、展示品牌形象和传递品牌价值，企业能够与消费者建立深厚的情感连接，从而加深品牌在消费者心中的印记。

同时，本地化战略对品牌出海的成功也至关重要。鉴于不同国家和地区在文化、审美和消费习惯上的巨大差异，企业需要根据当地市场的特点，对品牌形象、宣传内容、产品设计等进行相应的本地化调整，以确保品牌能够更好地融入当地市场，赢得消费者的认可。例如，麦当劳在进入不同国家时，会推出符合当地口味的特色菜品；星巴克则根据当地文化元素来设计店铺装修和产品包装。

在品牌出海的征程中，企业需要全方位、多层次地推进品牌建设和发展，以实现品牌在全球市场的繁荣与壮大。

1.2.3 向品牌出海过渡面临的四大困境

从产品出海向品牌出海过渡，是企业国际化战略的进一步深化。然而，在过渡的过程中，企业往往面临一些困境，如图 1.2 所示。

1. 文化差异与市场认知

不同国家和地区拥有独特的文化、消费观念和审美标准。企业推广品牌时，如果没有深入理解并融入当地文化，容易产生误解或遭到消费者排斥。例如，某些品牌的宣传标语或形象设计虽在本土市场大受欢迎，却可能因文化冲突而在海外市场受到抵制。

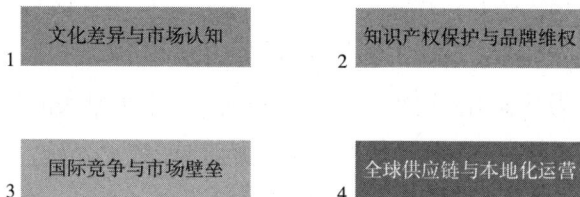

| 1 | 文化差异与市场认知 | 2 | 知识产权保护与品牌维权 |
| 3 | 国际竞争与市场壁垒 | 4 | 全球供应链与本地化运营 |

图 1.2　向品牌出海过渡面临的困境

2. 知识产权保护与品牌维权

在国际市场中，知识产权保护的法律法规和执行标准千差万别。在出海过程中，品牌可能面临被侵权、被仿冒等风险，而维权过程往往复杂且成本高昂。知识产权被侵犯不仅损害企业经济利益，更会对品牌形象和声誉造成严重打击，阻碍品牌的长期发展。

3. 国际竞争与市场壁垒

海外市场竞争激烈，本土品牌根基深厚、消费者忠诚度高，新进入的外来品牌在争夺市场份额时面临巨大挑战。此外，部分国家为保护本土产业，设置贸易壁垒和政策限制，增加了品牌出海的难度和成本。

4. 全球供应链与本地化运营

品牌出海需构建高效的全球供应链体系，确保产品及时供应和质量稳定。同时，本地化运营至关重要，包括建立本地化的销售渠道、打造专业的服务团队和制定本地化营销策略。然而，协调全球供应链与本地化运营极具挑战性，企业可能因物流配送不畅、本地化服务不到位等问题，影响消费者购买体验，削弱品牌竞争力。

从产品出海迈向品牌出海，企业面临诸多困境。只有克服这些困境，企业才能顺利实现品牌出海。

1.2.4　顾家家居：加速进入品牌出海阶段

顾家家居作为我国家居行业的翘楚，以坚定的决心和惊人的速度，迈入品牌出海的全新阶段，书写国际化发展的新篇章。

　　长久以来，顾家家居凭借卓越的产品品质和创新的设计思维，在国内市场稳扎稳打，占据着举足轻重的地位。然而，国内市场日趋饱和，全球家居消费需求持续攀升，顾家家居审时度势，将目光投向更为广阔的国际市场，以实现品牌的可持续发展。通过深入的市场调研和前瞻性的战略规划，顾家家居为品牌出海筑牢了坚实的基础，迈出了坚实的步伐。

　　在产品领域，顾家家居秉持以消费者需求为核心的原则，紧密结合不同国家和地区的生活模式、审美倾向以及家居使用习惯，对产品进行精准的研发和设计。例如，针对欧美市场消费者对简约、现代风格的热衷，顾家家居推出了一系列线条流畅、功能卓越的沙发、床具等产品；而对东南亚市场，则充分考虑到当地的气候特点和文化底蕴，研发出既防潮透气又色彩鲜艳、充满民族风情的家居产品。这些举措使得顾家家居的产品能够深度契合海外消费者的多元化需求，进一步增强了其在国际市场上的竞争力。

　　在品牌建设方面，顾家家居不遗余力地塑造和传播品牌形象。通过参加国际知名家居展览会、与国际设计机构紧密合作等方式，顾家家居持续提升品牌的国际影响力和知名度。同时，借助社交媒体、线上广告等数字化营销手段，顾家家居精准触达目标客户群体，传递品牌的核心价值和文化内涵，让全球消费者更加深入地了解和认可顾家家居这一品牌。

　　此外，顾家家居还积极拓展海外销售渠道。例如，与当地的经销商、零售商建立长期稳定的合作关系，逐步构建起覆盖全球的销售网络；建立海外生产基地和物流中心，缩短供应链，提高产品交付效率，为消费者提供更加优质的购物体验。

　　顾家家居加速进入品牌出海阶段，是其进一步发展的需要，标志着其全球化战略取得阶段性成果。

1.3　战略核心：赢得海外消费者的信任

　　品牌出海的战略核心是赢得海外消费者的信任，因为信任等同于高盈利和高溢价。而让海外消费者产生信任有五个要素，下面将一一介绍。

1.3.1　信任＝高盈利＝高溢价

品牌出海已成为众多企业追求市场扩张与增长的关键策略。然而，要在未知的海外市场中稳固立足并取得卓越成就，赢得海外消费者的信任是不可或缺的一环。在商业舞台上，信任不仅代表情感上的连接，更是实现高盈利与高溢价的基石。

信任是实现高盈利的基石。当消费者对品牌产生深厚的信任时，他们自然而然地倾向于选择该品牌的产品或服务。这种信任转化为持续的购买行为，为品牌带来稳定的收入，从而奠定高盈利的基础。

信任也是高溢价的基石。消费者对某个品牌充满信任，这份信任将转化为消费者对该品牌产品或服务的更高价值认同，他们更愿意支付更高的价格。因为在消费者心中，值得信赖的品牌往往代表卓越的品质、出色的性能和无可替代的价值。

联想作为一家在全球范围内颇具影响力的科技企业，通过多年的努力在海外市场赢得了消费者的信任，其产品以高品质、可靠的性能和良好的售后服务而著称。无论是笔记本电脑还是台式机，联想都注重满足消费者的需求，不断进行技术创新和质量提升。正因如此，联想在全球个人电脑市场中占据了重要地位，实现了可观的盈利，并拥有了一定的品牌溢价能力。

再看大疆创新，作为全球领先的无人机制造商，大疆创新以其卓越的技术和产品性能在海外市场树立了良好的口碑。无论是在专业摄影领域还是在消费级市场，大疆创新的无人机产品都备受消费者信赖。这种信任使得大疆创新能够在国际市场上保持较高的定价水平，实现销量稳步增长，获得丰厚的利润。

SHEIN（希音）作为一家快时尚电商品牌，在海外市场也取得了显著成就。SHEIN凭借其丰富的产品线、快速更新的款式以及优质的客户服务，赢得了大量海外消费者的信任。消费者能够在SHEIN上找到时尚且性价比高的服装，愿意频繁购买并推荐给他人，这为SHEIN带来了丰厚的利润和品牌价值的提升。

品牌出海的成功，离不开海外消费者的信任。这种信任不仅是品牌高盈利的源泉，更是实现高溢价的有力保障，从而为品牌在国际市场上稳健前行奠定坚实基础。

1.3.2　让海外消费者产生信任的五个要素

信任是打开海外市场、实现品牌长久发展的基石，以下是让海外消费者产生信任的五个要素，如图1.3所示。

图1.3　让海外消费者产生信任的要素

1. 产品优质

品质是品牌的基石。出海的产品应具备高质量和卓越的性能，以满足海外消费者的需求和期望。无论是电子产品、服装还是食品，只有在品质上严格把关，才能让消费者放心购买和使用。例如，某国产家电品牌凭借先进的技术和严格的质量控制体系，生产出节能高效、可靠耐用的家电产品，迅速在海外市场积累了良好的口碑，赢得了消费者信任。

2. 信息透明

在信息爆炸的时代，信息透明是建立信任关系的前提。品牌需要向海外消费者清晰、准确地传达产品信息、价格、成分、使用方法及售后服务政策等。此外，品牌应通过官方网站、社交媒体等渠道，及时回应消费者的咨询和反馈，让消费者感受到品牌的坦诚和负责。例如，某护肤品牌在海外市场上公布产品的成分、原料来源和研发过程，积极与消费者互动并解答消费者疑问，增强了消费者对品牌的信任。

3. 优质的客户服务

卓越的客户服务是提升消费者信任度的关键所在。出海企业需构建全方位、多层次的客户服务体系，确保在售前咨询、售中支持及售后维护等各个环节，都能为消费者提供高效、专业且贴心的服务。及时解决消费者的问题和投诉，为消费者提供超出预期的服务，能够有效增强消费者对品牌的忠诚度和信任度。

4. 良好的品牌声誉与口碑

在海外市场，良好的品牌声誉和口碑是赢得消费者信任的重要因素。品牌可以通过积极参与公益活动、履行社会责任来提升自身形象。此外，利用消费者评价和推荐产品也是打造良好口碑的有效方式。例如，鼓励满意的消费者在电商平台、社交媒体上分享使用体验，吸引更多潜在消费者的关注和信任。

5. 社会责任感与可持续发展

具有社会责任感和可持续发展理念的品牌更容易获得海外消费者的青睐和信任。积极参与当地的公益活动、关注环境保护、推动社区发展等，向消费者展示品牌的社会价值和担当，能够提升品牌在海外市场的形象和声誉。

总之，品牌出海要在产品、信息、服务、声誉及社会责任等多方面发力，才能让海外消费者产生信任，为品牌在国际市场上的发展开辟广阔的空间。

1.3.3　安克创新：以全球消费者为成长动力

安克创新是一家全球化消费电子品牌企业，其凭借不懈的研发和市场探索，坚持以创新和智能硬件为引领，为全球消费者带来先进的科技产品。它旗下的 Anker（安克）、Eufy（悠飞）、Nebula（星云）、Soundcore（声阔）等知名品牌，专注于智能充电、娱乐影音、智能家居、智能车载等多个领域，不断推动产品研发和设计。

以充电产品为例，随着现代生活节奏日益加快和移动设备的广泛普及，消费者对充电速度、便携性以及安全性的期待不断攀升。在这样的市场环境下，安克创新凭借敏锐的市场洞察力，成功研发了一系列高效快充充电器和移动电源，精准满足了全球消费者在多样化场景下的充电需求。特别是 Nano 系列充电器，不仅体积小巧，而且充电性能卓越，一经问世便赢得了全球消费者的热烈追捧和广泛好评。

在音频领域，安克创新同样以消费者需求为导向。其充分考虑到消费者对音质、佩戴舒适度和外观设计的追求，推出了多款高品质的无线耳机和音箱产品。这些产品不仅在音质上表现出色，还具备时尚的外观和人性化的功能设计，为消费者带来了极致的音频体验。

此外，安克创新还高度重视消费者的反馈和建议。通过建立完善的客户服务体系和消费者沟通渠道，积极收集消费者的意见和建议，并将这些反馈融入产品优化和改进方案。这种与消费者的紧密互动和持续沟通，使得安克创新能够不断提升产品品质和消费者体验，进一步增强了消费者对品牌的认同感和忠诚度。

安克创新以全球消费者为成长动力，深入挖掘消费者需求，坚持品质至上，提供优质产品和服务，在全球市场中实现了快速发展和壮大，为其他企业的全球化发展提供了宝贵的经验。

第 2 章

出海模式：规划"走出去"路线

品牌出海模式的核心在于制定一套科学、合理的"走出去"路线。出海模式包括自营模式、合资与联营模式、加盟模式、代理商模式以及跨境电商模式。企业可以通过明确品牌国际化的目标市场以及了解目标市场的消费需求、文化和竞争态势，来选择相应的出海模式。

2.1 自营模式

自营模式意味着企业在产品研发、生产、营销、销售及售后服务的整个价值链上拥有完全的掌控力。这种全方位的掌控赋予了企业高度的自主决策权和灵活的应变能力，使企业在国际市场上能够游刃有余地应对各种挑战。

2.1.1 海外市场自营现状分析

自营模式赋予了企业更多的控制权和灵活性，伴随着一系列机遇与挑战。目前，自营模式在海外市场中的许多领域呈现出良好的发展态势。

以科技行业为例，一些大型企业通过在海外设立研发中心和销售办事处，直接与当地客户和合作伙伴接触，能够更迅速地响应市场需求，推出符合当地特色的产品和服务。例如，某知名智能手机制造商在欧美市场中实行自营模式，深入了解当地消费者对手机性能和设计的偏好，从而不断优化产品，提升了市场份额。

在电商领域，众多企业凭借建设海外仓库和自有物流配送网络的策略,成功缩短了配送周期,进而大幅提升了客户的满意度。此外,通过对销售渠道和客户数据的全面掌控,企业能够实现更精准的营销策略和产品优化,为业务发展注入新的活力。

然而,品牌在海外市场中采取自营模式也面临以下问题:

(1)成本压力。品牌在海外建立和运营自己的业务体系需要大量的资金投入,包括场地租赁、人员招聘、市场推广等。而且,不同国家的法律法规、税收政策等差异较大,增加了合规成本和运营复杂性。

(2)市场风险难以预测。海外市场的需求波动、竞争格局变化以及政策调整等因素都可能对自营业务造成冲击。例如,某服装品牌在拓展海外市场时,由于对当地流行趋势的误判,导致库存积压,造成了较大的经济损失。

品牌需要充分评估自身的实力和市场环境,制定科学合理的战略规划,以充分发挥自营模式的优势,确保海外业务稳健发展。

2.1.2 为什么自营模式如此受欢迎

如今,自营模式受到越来越多出海企业的欢迎,因为其具有诸多优势,如图 2.1 所示。

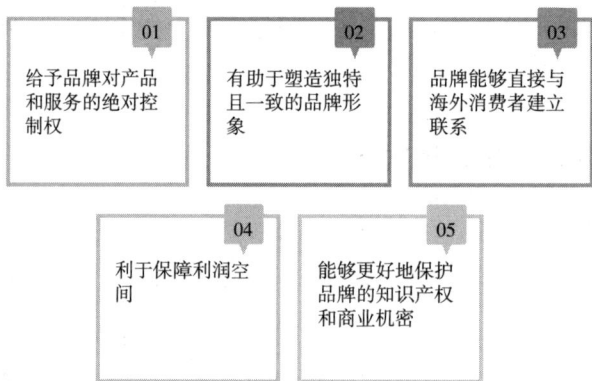

图 2.1 自营模式的优势

(1)自营模式给予品牌对产品和服务的绝对控制权。品牌能够自主决定产品的设计、生产工艺和质量标准,确保产品完全符合目标市场的需求和期望。例如,某服装品牌采用自营模式出海,并根据当地的时尚潮流和消费者身材特点，精准地设计服装款式，从而提供更贴合市场需求的产品。

（2）自营模式有助于塑造独特且一致的品牌形象。品牌能够全面掌控营销和推广策略，从品牌定位、宣传口号到视觉形象的设计与传播，都能按照既定的规划进行。这样可以在海外消费者心中形成清晰、统一且深刻的品牌认知，增强品牌的辨识度和影响力。

（3）通过自营模式，品牌能够直接与海外消费者建立联系，获取第一手市场反馈。这种直接的沟通渠道使品牌能够及时了解消费者的需求变化、产品使用感受以及对品牌的建议，从而迅速调整和改进，更好地满足市场需求，提升消费者满意度。

（4）自营模式有利于保障利润空间。品牌无须与中间商分享利润，能够更有效地控制成本和定价，从而获得更高的利润。这能够为品牌在海外市场的长期发展和持续投入提供有力的资金支持。

（5）自营模式能够更好地保护品牌的知识产权和商业机密。品牌可以自主管理供应链和销售渠道，降低知识产权被侵权和商业机密被泄露的风险，维护品牌的核心竞争力。

总之，品牌出海时选择自营模式，能够实现对产品和服务的严格把控，塑造独特的品牌形象，直接与消费者互动，保障利润空间以及保护核心竞争力。这些显著的优势使得自营模式在品牌出海的战略中成为一个备受欢迎的选择，为品牌在国际市场上的成功奠定了坚实基础。

2.1.3　渠道自营模式、独立品牌模式、战略投资模式

在品牌出海路径的选择上，渠道自营、独立品牌和战略投资这三种模式各有千秋。

1. 渠道自营模式

渠道自营模式是企业通过自身建立的销售渠道将产品推向海外市场。这种模式的优势在于企业能够对销售环节进行直接把控，确保产品的推广和销售策略能够得到精准执行。例如，国内某知名电子产品品牌通过在海外开设直营店，能够及时获取市场反馈，根据当地消费者的需求调整产品

和服务。然而，渠道自营需要企业投入大量的资源用于渠道建设、市场推广和售后支持，经营风险相对较高。

2. 独立品牌模式

独立品牌模式则侧重于打造一个全新的、针对海外市场的品牌。企业可以根据目标市场的特点、文化和消费习惯来定制品牌。例如，某服装品牌在进入欧美市场时，针对欧美市场消费者的偏好和需求打造了一个新的品牌，并在推出的服装产品中融入当地的时尚元素，成功赢得了消费者的喜爱。但这种模式需要企业对目标市场有深入的了解，并且面临从零开始打造品牌、打响知名度的挑战。

3. 战略投资模式

战略投资模式是通过投资或收购海外的现有品牌或企业，实现快速进入当地市场的目的。这一模式能够借助被投资品牌的现有渠道和客户基础，缩短进入市场的时间，降低风险。例如，某互联网巨头投资了一家在东南亚颇具影响力的电商平台，迅速在该地区站稳了脚跟。不过，战略投资模式也存在整合难度大、文化差异等潜在问题。

综上所述，渠道自营模式适合资源丰富、具备强大运营能力的企业；独立品牌模式适合对目标市场有深入洞察和拥有强大创新能力的企业；战略投资模式则适合希望快速布局、降低出海风险的企业。

在品牌出海的征程中，企业应根据自身的实力、目标和资源状况，审慎选择适合自己的模式，或者灵活组合运用多种模式，以成功拓展海外市场。

2.2 合资或联营模式

在进行品牌出海时，企业也可以选择合资或联营模式。合资模式使企业能与当地合作伙伴共享资源、风险与收益。联营模式则是品牌通过与多个伙伴合作，形成更广泛的网络，增强品牌影响力。这两种模式助力品牌更好地适应海外市场，与合作伙伴实现互利共赢。

2.2.1　通过海外合伙人发展和扩张

在品牌出海的过程中，我国越来越多的企业选择与海外合伙人合作。这种策略能够充分利用当地合伙人的资源、人际关系和市场洞察力，加速品牌在海外的发展和扩张。

海外合伙人通常对当地市场有深入的了解，包括市场需求、消费习惯、法律法规以及竞争态势等。他们所拥有的本地资源和人际网络，能够为品牌出海减少障碍，加速市场渗透。

以名创优品为例，在进军海外市场时，其积极与当地的商业伙伴合作。这些合伙人熟悉当地的商圈和消费者喜好，能够帮助名创优品选择合适的店铺位置，并在店铺装修和商品陈列上提供符合当地审美的建议。凭借海外合伙人的助力，名创优品短时间内就在多个国家和地区开设了门店，迅速扩大了品牌影响力。

还有小鹏汽车，在开拓欧洲市场时，其与当地的经销商和服务提供商合作。海外合伙人利用其在当地的销售网络和售后服务体系，为小鹏汽车的推广和销售提供了有力保障。同时，他们还根据当地的法规和市场特点，为小鹏汽车提供本地化改进建议，使其产品更符合欧洲消费者的需求。

OPPO 进军东南亚市场时，也充分利用了海外合伙人的优势。OPPO 与当地的电信运营商合作，推出定制化的手机产品和服务套餐，满足了当地消费者对通信和娱乐的需求。此外，OPPO 还与当地的营销公司合作，策划了一系列具有当地特色的市场推广活动，成功提升了品牌在当地的影响力。通过与这些海外合伙人共同努力，OPPO 在东南亚市场取得了显著的成绩，赢得了广大消费者的喜爱与信赖。

这些品牌的成功出海经验表明，海外合伙人在品牌出海过程中发挥着至关重要的作用。他们不仅能够帮助品牌降低市场风险，还能够加快品牌的本地化进程。

2.2.2　库迪咖啡：以联营模式打开海外市场

联营模式为库迪咖啡拓展海外市场提供了强大动力。库迪咖啡与当地实力合作伙伴携手，使得双方资源和优势得以充分整合，为库迪咖啡的海外扩张提供了坚实的后盾。

库迪咖啡借助合作伙伴对当地市场的深入洞察，精准把握消费者的口味偏好、文化习惯以及市场运营规则，有针对性地调整产品和服务，确保品牌能在异国他乡成功扎根并蓬勃发展。

例如，在某国市场，合作伙伴凭借对当地消费者甜度偏好的深入洞察，助力库迪咖啡调整配方，推出更符合当地口味的咖啡饮品。

库迪咖啡自身积累的丰富品牌运营经验和优质的产品供应链，为海外市场的开拓提供了坚实保障。严格的品质控制确保每一杯咖啡都保持高品质和稳定的口感，而丰富多样的产品线则满足了不同消费者的需求。无论是经典的拿铁、美式咖啡，还是创新的特色饮品，都在海外市场赢得了消费者的喜爱。

在海外市场布局中，库迪咖啡秉持数字化与本地化相结合的策略。通过与 Adyen 等金融科技巨头合作，库迪咖啡实现了支付流程的无缝对接和收银操作的便捷化，极大地优化了消费者的支付体验。

综上所述，联营模式为库迪咖啡在海外市场的快速扩张提供了强大的动力和坚实的支撑。借助联营模式，库迪咖啡成功地在海外市场树立了独特的品牌形象并赢得了消费者的喜爱。

2.3　加盟模式

加盟模式是一种商业合作方式，在这种模式下，加盟商可以借助品牌的知名度、成熟的商业模式和支持体系，降低创业风险，提高创业成功的可能性；而品牌方则能够通过加盟商的资源和努力，快速扩大市场份额，实现品牌扩张。

2.3.1　想出海，加盟是不是首选项

我国的很多品牌怀揣雄心壮志，渴望在国际市场上一展身手。但在品

牌出海的征程中，企业需要思考一个问题：加盟模式是不是首选项？

以国内广受欢迎的茶饮品牌蜜雪冰城为例，其在出海过程中就采用了加盟模式，并取得了显著成效。蜜雪冰城凭借高性价比的产品和独特的品牌形象，吸引了众多海外加盟商的关注。

加盟模式具有一些明显的优势。

首先，加盟模式能够借助加盟商对当地市场的了解和资源，快速打开市场。加盟商熟悉当地的消费习惯、法律法规以及商业环境，能够更有效地进行市场推广和店铺运营。

其次，加盟模式有助于分摊品牌运营风险。品牌不需要独自承担海外市场开拓的全部资金和运营压力，加盟商的投入在一定程度上减轻了品牌的负担。

然而，加盟模式并非没有缺点。对于品牌来说，如何确保加盟商严格遵循自身的质量标准是一个难题。如果加盟商为了追求短期利益而降低品质或改变经营方式，可能会损害品牌的声誉。

在蜜雪冰城的出海实践中，虽然加盟模式助力其迅速在多个国家和地区开设门店，但也面临原材料供应、本地化口味调整等挑战。

我国品牌出海时是否应优先选择加盟模式不能一概而论。如果品牌具有成熟的运营模式、强大的品牌支持体系以及有效的质量监控手段，加盟模式可以帮助品牌快速扩张。但如果品牌还不够成熟，可能无法对加盟商进行有效指导和管理，选择直营模式或者寻找更强大的合作伙伴或许更为稳妥。

总之，加盟模式可以作为一种选择，但不一定是首选项。品牌需要综合考虑自身的实力、市场环境以及对加盟商的管理能力等多方面因素，只有在充分准备和谨慎决策的基础上，品牌才能在海外市场上走得更稳、更远。

2.3.2　去海外布局加盟店的注意事项

许多企业将目光投向海外，通过布局加盟店来拓展业务版图。然而，这并非一帆风顺，需要企业谨慎规划和充分准备，一些关键的注意事项如下：

1. 目标市场分析

不同国家和地区有着不同的饮食习惯、消费习惯和文化习俗，即使是知名的品牌，在海外也可能需要进行一定程度的调整和适应。这包括产品或服务的本地化改进，以符合当地消费者的口味和需求；品牌形象和宣传方式的调整，使其与当地文化相契合，避免文化冲突。

2. 选择合适的加盟商

加盟商不仅要有足够的资金实力和商业经验，还需要对品牌理念有高度的认同。在选择加盟商时，品牌要进行严格的背景调查和评估，确保其具备良好的商业信誉和运营能力。

3. 物流与供应链管理

物流和供应链管理也需要精心规划。具体来说，品牌需要确保原材料和产品能够及时、稳定地供应给海外加盟店，同时要控制好成本和质量。对于一些对新鲜度要求较高的产品，品牌可以考虑在当地建立仓储和配送中心。

4. 遵守当地的法律法规

品牌在海外布局加盟店应严格遵守法律法规。不同国家的商业法律、劳动法规、知识产权保护法律等都有所不同。在签订加盟合同前，品牌应咨询专业的法律顾问，确保合同条款符合当地法律要求，避免潜在的法律纠纷。

5. 总部的帮助

持续的支持和监督必不可少。总部要为海外加盟店提供培训、营销支持和运营指导，帮助加盟商解决遇到的问题。同时，总部要建立有效的监督机制，定期评估加盟店的经营状况，确保其产品符合品牌标准和质量要求。

总之，去海外布局加盟店是一项充满机遇和挑战的工作，企业应充分注意以上事项，做好周全的准备。

2.4　代理商模式

代理商模式作为一种常见的市场拓展方式，在品牌出海的征程中发挥着关键作用。简单来说，代理商模式就是品牌将其在特定地区或市场的销售、推广等权利授予代理商，由代理商代表品牌进行相关业务活动。

2.4.1　代理商模式的痛点

虽然代理商模式具有一定的优势，如降低运营风险、快速打开市场、深入了解当地消费者需求等，但也难以避免地存在一些痛点，如图 2.2 所示。

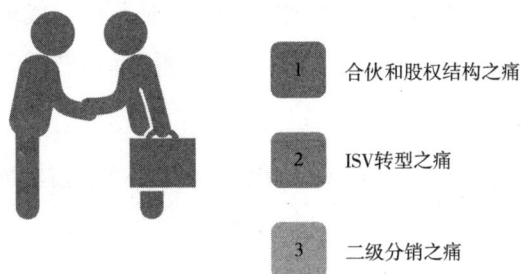

图 2.2　代理商模式的痛点

1. 合伙和股权结构之痛

在品牌与代理商合作的过程中，股权分配往往是一个复杂且敏感的问题。如果股权结构不合理，可能会导致决策权力的不平衡，影响战略的制定和执行。例如，当品牌方希望加大市场投入以快速提升品牌知名度时，而持有较大股权的代理商可能更关注短期利润，从而阻碍了品牌的长期发展。

2. ISV 转型之痛

随着市场和技术的不断变化，代理商可能需要向独立软件供应商（independent software vendors，ISV）转型。然而，这一转型过程充满挑战，需要投入大量的资金和时间进行技术研发、人才培养以及业务流程的重新设计。如果代理商无法顺利完成转型，可能会导致服务质量下降，无法满足数字化时代的市场需求。

3. 二级分销之痛

在代理商体系中，二级分销环节容易出现管理混乱、渠道冲突等问题。不同层级的分销商为了追求自身利益最大化，可能会采取恶性竞争的手段，如低价倾销、窜货等，这不仅破坏了品牌的价格体系和市场秩序，还可能影响品牌在消费者心中的形象。

总之，品牌选择代理商模式出海，应充分认识到合伙和股权结构、ISV 转型以及二级分销等方面可能存在的痛点，并提前制定相应的应对策略，以保障品牌在海外市场能够稳健发展，实现预期的商业目标。

2.4.2　独家代理模式、区域代理模式、平行代理模式

常见的代理模式包括独家代理、区域代理和平行代理，它们各有特点。企业可以综合考虑自身需求、发展情况等因素，进而合理选择。

1. 独家代理模式

在独家代理模式下，品牌授予一个代理商在特定市场或区域内的独家经营权。这意味着在约定的范围内，只有这一家代理商有权销售和推广品牌的产品或服务。

独家代理的显著特点是代理商拥有很大的控制权和高度的垄断性。这种模式能够激发代理商全力以赴地投入资源和精力，因为他们无须担心来自其他竞争对手的直接干扰。品牌可以获得代理商的专注和忠诚，代理商通常会积极建立销售网络、开展市场推广活动，并努力提升品牌知名度、扩大市场份额。

然而，独家代理模式也存在一定风险。如果代理商表现不佳或未能达到预期目标，品牌可能会在该市场陷入被动。此外，品牌对代理商的依赖程度较高，可能在一定程度上失去对市场的直接掌控。

2. 区域代理模式

区域代理模式是将市场划分为不同的区域，每个区域指定一个代理商负责。

区域代理的特点在于能够实现更精细化的市场覆盖。不同区域的代理

商可以根据当地的特点和需求，制定有针对性的营销策略。这种模式在一定程度上降低了品牌对单个代理商的依赖风险，多个区域代理商之间还可以形成一定的竞争，促使他们不断提升业绩。

但区域代理模式可能会面临区域之间的协调和管理难题，如利益驱动的跨区域销售、价格体系混乱等问题。

3. 平行代理模式

平行代理模式是品牌允许多个代理商在同一市场或区域内同时开展业务。

平行代理的优点是能够迅速扩大市场覆盖范围，多个代理商的共同努力可以在短时间内提高品牌的曝光度和销售量。而且，品牌在代理商的选择上具有更大的灵活性。

然而，平行代理模式容易导致代理商之间的激烈竞争，可能引发价格战，从而影响品牌的价格体系和利润空间。此外，品牌需要投入更多的精力来协调和管理各个代理商之间的关系。

综上所述，在出海过程中选择代理商模式时，品牌需要综合考虑自身的发展战略、市场特点、风险承受能力等多方面因素，从而选择最合适的代理模式。

2.5　跨境电商模式

跨境电商作为一种新兴的贸易方式，为品牌走向国际市场提供了便捷、高效的途径。简单来说，跨境电商是指分属不同关境的交易主体，通过电子商务平台达成交易、进行支付结算，并通过跨境物流送达商品、完成交易的一种国际商业活动。

2.5.1　跨境电商运营战略规划

在当前全球电子商务迅猛发展的背景下，企业应针对不同国家或地区市场的特点，制定一套全面、系统的跨境电商运营战略规划，以便在国际市场上占据更大竞争优势，实现自己的商业目标。具体而言，跨境电商运营战略规划包含以下几个方面，如图2.3所示。

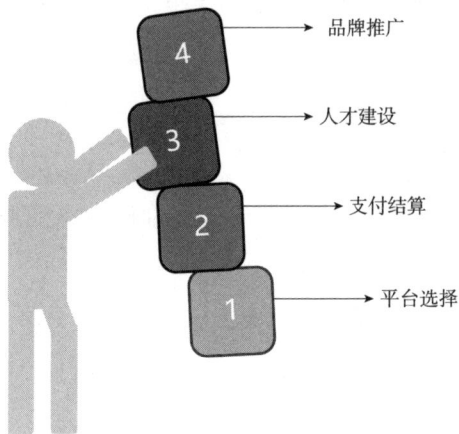

图2.3 跨境电商运营战略规划

1. 平台选择

选择合适的跨境电商平台是成功出海的基石。亚马逊、速卖通、eBay（易贝）等知名平台具有庞大的用户基础和成熟的运营体系，但竞争也较为激烈。新兴平台可能在某些特定市场或品类有独特优势，如Shopee（虾皮）在东南亚市场备受欢迎。企业应根据自身产品特点、运营能力以及目标市场特点，并综合评估各平台的费用政策、流量分配机制、用户画像等因素，进而合理选择。

2. 支付结算

便捷、安全的支付结算方式是提升消费者体验的关键。企业应支持多种主流支付方式，如信用卡、PayPal（贝宝）、支付宝等，以满足不同地区消费者的需求。同时，企业要关注汇率波动风险，选择合适的结算周期，提升资金周转效率。此外，企业要与可靠的支付服务提供商合作，确保交易安全，降低欺诈风险。例如，采用先进的加密技术保护消费者的支付信息，建立风险监控机制及时识别异常交易等。

3. 人才建设

跨境电商人才需要具备多方面的能力，包括国际贸易知识、外语能力、电商运营技巧、市场营销策略等。企业可以通过内部培训提升现有员工的专业素养，也可以从外部招聘有经验的跨境电商人才。企业应建立激励机制，留住优秀人才，打造一支高效、创新的团队。例如，为表现出色的员工提供股票期权、晋升机会等激励。

4. 品牌推广

品牌是跨境电商可持续发展的核心。企业应利用社交媒体、搜索引擎优化（search engine optimization，SEO）、内容营销等手段提升品牌知名度。例如，在社交媒体上发布有吸引力的产品图片、视频，与消费者互动，增强品牌亲和力；通过优化网站关键词、提高产品页面质量，提升在搜索引擎中的排名。此外，参加国际展会、与网红合作等方式也能有效推广品牌。

总之，跨境电商运营战略规划需要综合考虑平台选择、支付结算、人才建设和品牌推广等多个方面，并根据市场变化和企业发展情况不断进行优化和调整，以应对挑战和抓住机遇。

2.5.2　致欧科技：专注家居跨境电商

致欧科技自成立以来，就将目光锁定在潜力巨大的家居跨境电商市场。家居是一个与人们生活息息相关的领域，拥有广阔的发展空间。致欧科技凭借其对家居领域的专注与深耕，开辟出一条独特的发展道路。

致欧科技旗下三大自有品牌 SONGMICS（宋米客）、VASAGLE（维莎格）、Feandrea（梵德瑞）分别聚焦家居、家具、宠物家居，满足了不同消费者的多样化需求。

其中，SONGMICS 以丰富多样的家居用品，满足了消费者对日常家居装饰和实用功能的需求；VASAGLE 则专注于家具领域，以时尚的设计和优质的材质，为消费者营造出舒适且具有品位的家居环境；Feandrea 则瞄准宠物家居市场，倡导"人宠共享，人宠和谐"的理念，为宠物和宠物主人提供温馨、舒适的家居生活体验。

在拓展海外市场的征程中，致欧科技将重点放在欧美市场。欧美地区消费者对家居品质和设计的高要求，与致欧科技的产品理念不谋而合。通过深入了解欧美消费者的喜好和需求，致欧科技不断优化产品，使其更符合当地市场需求。

在过去的几年里，致欧科技取得了令人瞩目的成绩。成绩的背后，是致欧科技对产品品质的严格把控，对市场趋势的精准把握，以及对优质客户服务的不懈追求。

同时，致欧科技在销售模式上不断创新。致欧科技以亚马逊平台的B2C模式为主导，直接触达终端消费者，了解他们的需求和反馈，从而不断改进产品和服务。此外，B2B业务的快速发展也为致欧科技的增长注入了新的动力。

然而，市场变化莫测。2023年上半年，致欧科技实现营收26.44亿元，同比下降5.87%。但在困境中，其展现出强大的韧性和应变能力，归母净利润达到1.86亿元，同比增长68.44%。

尽管2023年上半年营收有所下降，但致欧科技在欧美市场积累的深厚基础和强大品牌影响力，以及不断创新和拓展的业务模式，都为其未来发展奠定了坚实基础。

第 3 章

海外团队：人才永远是制胜关键

人才是决定品牌出海成功与否的关键因素。拥有具备卓越跨文化沟通能力、深入了解当地市场规则、精通营销与管理策略的专业人才，能够助力品牌更加顺畅地融入并深耕当地市场。这些人才能够敏锐地捕捉海外市场的最新动态，精准地制定战略方向，并高效地执行计划，从而确保品牌在全球市场中保持领先地位。

3.1 海外团队是出海必备"武器"

对品牌而言，要想在海外市场占据一席之地，拥有一个专业的海外团队是至关重要的。这个团队不仅是品牌出海的必备"武器"，更是连接品牌与海外市场的重要桥梁。通过这个团队，品牌可以更好地了解海外市场的需求，从而制定出更加精准的营销策略和产品定位。同时，海外团队也能在海外市场的运营和管理中发挥重要作用，确保品牌在海外市场的稳定发展和持续增长。

3.1.1 为什么要打造海外团队

在全球化的背景下，企业兼顾国际与国内市场，更利于拓宽发展路径，提升发展质效。而成立海外团队可以使企业更好地了解和把握国际市场动态，更快地响应海外客户的需求，提高国际竞争力。打造海外团队的必要性如图 3.1 所示。

1. 深入了解当地市场

深入了解目标市场的需求、文化特色、消费习惯以及竞争环境，是品

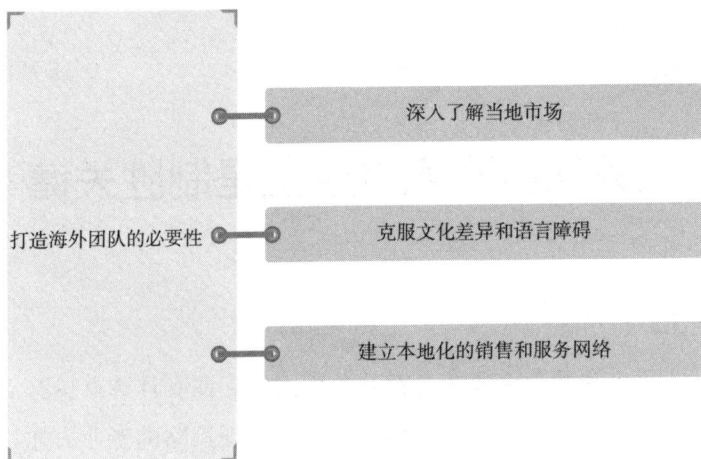

图 3.1 打造海外团队的必要性

牌成功出海不可或缺的基石。一个熟悉当地市场的海外本地化团队，能够为品牌提供宝贵的第一手市场信息，助力品牌制定出更为精确、更具针对性的市场策略。

以海尔为例，在进军美国市场时，其组建了一个由美国本土人才组成的团队。这个团队深入研究了美国家电市场的消费需求和趋势，发现美国消费者对大容量冰箱和节能环保型家电有着较高的需求。基于这些洞察，海尔有针对性地研发和推出了一系列符合美国市场特点的产品，从而迅速提升了市场份额。

2. 克服文化差异和语言障碍

文化差异和语言障碍是品牌走向国际市场所面临的两大挑战。如果未能克服这些挑战，品牌的市场推广之路会遭遇重重阻碍，客户服务体验大打折扣，品牌形象塑造也会面临困境。

字节跳动旗下的 TikTok 在全球范围内取得了巨大成功，这离不开其强大的海外团队。这些团队成员来自不同的国家，拥有不同的文化背景，他们能够理解和尊重当地的文化习俗，并将其融入产品设计和推广。例如，在日本市场，TikTok 的团队根据日本文化和本土化的玩法，推出了一系列具有日本特色的滤镜和特效，吸引了大量用户。

同时，在语言方面，海外团队能够以当地语言进行精准的市场沟通，确保品牌信息的准确传达，避免因翻译不当而产生误解。

3. 建立本地化的销售和服务网络

一个高效的本地化销售和服务网络对提升品牌的市场覆盖率和客户满意度至关重要。海外团队能够与当地的经销商、零售商建立良好的合作关系，优化销售渠道，提高产品铺货率。

联想在积极拓展国际市场的过程中，精心打造海外团队。其海外团队与当地渠道商和合作伙伴建立了紧密的合作关系，深谙本地市场的独特性与需求，因此能够量身打造个性化的销售策略。同时，联想还构建了完善的售后服务体系，确保能够迅速响应客户需求，及时解决各种问题。这一系列举措，使得联想在全球个人电脑市场的激烈竞争中能够保持领先地位。

总之，拥有一支卓越的海外团队，使得品牌在国际市场中拥有更强的灵活性和创新能力。他们能够敏锐地洞察市场趋势，迅速应对竞争对手的挑战，为品牌的持续发展注入源源不断的活力与动力。

3.1.2 平衡海外团队与国内团队的关系

品牌出海时，如何巧妙地调和海外团队与国内团队之间的关系，是确保全球化战略顺利推进的重要一环。这不仅是地理上的跨越，更是文化、策略与执行层面的深度融合。处理得当，能够助力品牌在国际市场上乘风破浪；反之，则可能导致内耗，影响品牌的国际化发展。

以知名运动品牌安踏为例，其在全球化过程中很好地平衡了海外团队与国内团队之间的关系。安踏的国内团队对品牌的核心埋念、产品设计与生产工艺有着深入的理解与精准的把控，而海外团队则能敏锐地洞察当地市场的潮流趋势、消费者偏好及竞争态势。具体而言，安踏通过以下措施平衡两个团队之间的关系，如图 3.2 所示。

（1）明确分工是平衡的基础。国内团队应专注于产品研发和供应链优化，利用国内的产业优势，确保产品的质量和创新性。海外团队则负责市场调研、营销推广和渠道拓展，根据当地市场特点制定有针对性的策略。例如，安踏的国内研发团队致力于提升运动鞋的技术性能，而海外团队则根据不同地区的审美偏好，对产品外观进行调整，以更好地迎合当地消费者的喜好。

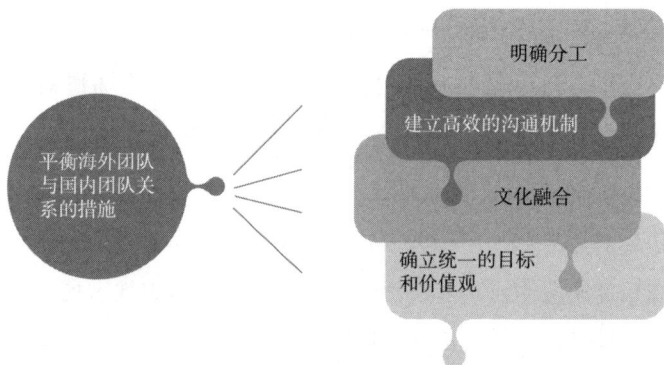

图 3.2 安踏平衡海外团队与国内团队关系的措施

（2）建立高效的沟通机制至关重要。安踏利用现代信息技术，定期召开线上会议，确保信息的及时传递和共享。同时，不定期组织跨区域的工作交流，促进两个团队的深入了解和协作。安踏还打造了信息共享平台，让国内团队和海外团队能够实时交流市场动态和产品反馈，从而迅速作出决策和调整。

（3）文化融合无疑是增强团队凝聚力的关键。深刻理解国内外的文化差异，积极策划并举办文化交流活动，能够显著增进国内团队和海外团队对彼此的认同。安踏深谙此道，特别注重培养团队成员的跨文化沟通技巧，确保无论是国内团队还是海外团队，在协作中都能尊重对方，实现顺畅无碍的协作。

（4）确立统一的目标与价值观是实现平衡的重要保障。安踏的国内团队与海外团队对品牌的长期战略规划及短期业务指标建立统一的认知，并以此为指引齐心协力，共同为实现品牌的国际化蓝图而奋力前行。

总之，品牌出海要实现海外团队与国内团队的良好平衡，需要在分工、沟通、文化融合和目标统一等方面下功夫。只有这样，企业才能在出海中稳步前行，展现品牌的魅力和实力。

3.2 如何在海外招聘人才

如果企业想在海外招聘人才，就需要掌握当地雇佣与薪酬情况。企业还应重视全球化雇主品牌建设，提升自身吸引力。此外，企业也可以借助海外猎头提供的代雇佣服务，简化人才招聘流程，实现高效、精准的人才招聘。

3.2.1　掌握海外当地的雇佣与薪酬情况

深入了解和掌握海外各地的雇佣以及薪酬情况，对于企业品牌出海至关重要。通过对这些因素的深入分析，企业能够制定出符合当地实际情况的人力资源策略，包括合理的薪酬福利体系、员工晋升机制、绩效考核标准等，以确保自身的国际竞争力。同时，这也有助于企业在尊重和保护员工权益的同时，有效控制人力资源成本，实现可持续发展。

（1）不同国家和地区的雇佣制度和法律法规千差万别。以日本为例，其终身雇佣制的文化传统影响深远，企业在招聘时需要考虑员工的长期职业规划和稳定性。而在欧美国家，劳动法律对工时、加班补偿以及解雇保护等方面都有详细且严格的规定。如果不熟知这些，企业可能面临法律风险和高额罚款。

（2）薪酬方面的差异更是显著。在北欧国家，由于生活成本较高、社会福利优越，员工对薪酬的期望不仅包括基本工资，还包括全面的健康保险、充足的带薪休假以及良好的工作环境。一些新兴经济体国家，如印度和巴西，虽然基本工资可能相对较低，但绩效奖金和晋升机会对人才更具吸引力。

（3）文化因素也会对薪酬期望产生影响。在一些强调集体主义的国家，团队奖励可能比个人奖励更能激励员工；而在个人主义盛行的地区，个性化的薪酬方案和突出个人成就的奖励机制可能更受欢迎。

（4）税收政策也需要企业重点关注。在某些国家，个人所得税较高，这可能会影响员工实际到手的收入。企业在制定薪酬方案时，应将这一因素考虑在内，以确保提供的薪酬具有竞争力。

为了精准掌握海外当地的雇佣与薪酬情况，企业可以采取以下措施：与当地的人力资源专家合作，获取最新、最准确的市场情报；参考权威的行业薪酬调查报告；利用在线平台和社交媒体，与当地的劳动者交流，了解他们的期望和诉求。

总之，在海外招聘人才，企业只有对当地的雇佣与薪酬情况了如指掌，才能制定出符合市场特点、具有吸引力的招聘策略，从而吸引优秀人才。

3.2.2 重视全球化雇主品牌建设

重视全球化雇主品牌建设是至关重要的。这不仅是因为一个强大的全球化雇主品牌能够吸引来自世界各地的顶尖人才，更因为它能使企业在不同的国家和地区树立积极正面的社会形象，从而显著增强企业的软实力。此外，这样还有助于汇聚全球智慧，使企业在国际舞台上赢得更广泛的认可与尊重。

华为作为成功出海的杰出代表，其全球化雇主品牌建设经验极具参考价值。华为矢志不渝地致力于构建一个开放包容、创新驱动且拥有全球视野的工作环境。通过坚持不懈的技术研发投资和对人才价值的深切关注，华为向全球展示了其对创新精神的执着追求以及对技术卓越的坚定承诺。

华为大学在华为国际化发展过程中扮演了举足轻重的角色。华为大学被誉为中国企业的"黄埔军校"，它为员工精心设计了多元化、高价值的培训与发展平台，无论是初出茅庐的新人还是久经沙场的老将，均能在其中寻觅到能够促进个人成长的宝贵资源。这不仅显著提升了员工的专业素养与技能水平，更深刻地体现了华为对员工的职业关怀与坚定支持。

华为始终致力于传达清晰、一致的价值观。"以客户为中心，以奋斗者为本"的核心价值观融入华为运营和人才管理的每一个环节，不仅为华为的内部员工树立了明确的行为标杆，也向全球潜在的求职者展示了华为深厚的文化底蕴和不懈的追求。

全球化雇主品牌不仅能够彰显企业的国际视野，还能深刻展现其多元与包容的文化特色。华为作为行业内的佼佼者，在全球范围内广泛设立研发中心与办事处，会聚了来自五湖四海、拥有不同文化背景与专业技能的精英人才。

华为秉持尊重与欣赏的态度，致力于为员工打造一个无界限、无偏见的职场环境。在这里，每一位员工都能享受到平等的机会与公平的待遇，他们的独特视角与创新思维得以充分展现与融合。

更为重要的是，华为营造了一个高度包容的工作氛围，让不同文化背景的员工能够相互理解、尊重与支持，在共同的目标与愿景下携手前行，实现个人与企业的共同成长与繁荣。这样的雇主品牌，无疑在全球范围内树立了典范，成为众多企业学习与借鉴的对象。

此外，华为积极参与国际行业标准的制定，不断提升自身在技术领域的话语权和影响力。这使得华为在海外求职者眼中是一家具有创新能力和行业领导力的企业，吸引了大量高端技术人才和管理人才加入。

对于想要出海的品牌而言，华为的经验具有重要的借鉴意义。通过打造强大的全球化雇主品牌，企业能够在海外招聘中脱颖而出，吸引与自身发展战略相匹配的优秀人才，为品牌在国际市场上的持续发展提供有力的人才支撑。

3.2.3　简单化：借助海外猎头进行代雇佣

海外市场的复杂性和多样性使得企业在海外招聘合适人才面临诸多挑战。然而，通过采用海外猎头服务及代雇佣模式，企业可以显著简化招聘流程。智乐聘是一个为企业提供全球招聘服务的平台，其猎头资源覆盖欧美、东南亚、日韩、南非等主要市场，能够为企业在海外招聘人才提供强有力的专业支持。

以智乐聘助力我国某工程机械巨头成功进军日本市场为例。随着国内工程机械产品技术实力日益增强以及海外销售网络的不断拓展，出海成为工程机械企业寻求更大发展的必然之路。

2023 年 11 月，该工程机械巨头委托智乐聘为其日本分公司招聘一位出类拔萃的社长。该巨头初涉日本市场，其分公司业务尚处于萌芽阶段，因此急需一位在日本拥有卓越综合能力的高端人才，以凭借其深厚的技术功底与广泛的人际资源，带领分公司在日本市场稳健发展。

智乐聘的日本专业团队在充分理解该企业的招聘背景及核心需求后，迅速利用其深厚的人才储备、广泛的渠道资源及日本本土高端人才数据库，开展了高效的寻访与筛选工作。为了更准确地把握需求，团队负责人亲赴日本，实地考察了该企业在日本的分公司。基于全面的考量，团队成功筛选出四位各具特色与优势的候选人。经过线上线下、日本当地与我国总部的多轮面试与严格筛选，最终在 2023 年末，成功选定了一位专家来担任分公司的社长。

对于出海企业而言，借助诸如智乐聘这样的专业海外猎头及代雇佣平台，无疑能显著优化海外人才招聘的流程。此类平台不仅能帮助企业节省宝贵的时间和精力，还能有效降低招聘过程中的风险与成本，同时提升招聘的效率和质量。基于这些优势，出海企业能够更加顺利地实现品牌在海外市场的拓展，从而成功出海，赢得更广阔的发展空间。

3.3　不同地区团队管理的关键点

品牌出海是企业拓展国际市场的重要战略举措，但在这一过程中，不同国家的员工管理存在显著差异。这种差异体现在诸多方面，如工作习惯、文化背景、价值观以及法律法规等。因此，企业在进行品牌出海时，应深入了解并尊重当地的管理特点和员工需求，制定有针对性的管理策略。

3.3.1　东南亚团队：管理风格偏年轻化

东南亚地区拥有丰富的年轻劳动力资源，这些年轻人充满活力与创造力，对新技术和新观念的接受能力较强。然而，尽管他们具备诸多优势，但可能欠缺工作经验，职业稳定性较差，对职业发展的期望值较高。

管理东南亚团队，企业应当遵循开放、透明的原则。为了营造一个开放的沟通氛围，企业需积极鼓励年轻员工踊跃分享他们的独到见解与创新建议。具体而言，企业可以定期召开团队讨论会议，为员工提供一个广阔的平台，让他们能够自由表达对项目的独到见解，这不仅能够有效激发员工的创新思维，还能够显著增强他们的团队归属感。

针对年轻员工对职业发展的殷切期望，企业应当为他们设计一条清晰、明确的职业晋升路径。为此，企业可以提供多样化的培训与学习机会，助力他们不断提升自我技能，实现快速成长。此外，企业还可以与当地知名教育机构建立合作关系，共同推出定制化的培训课程，以满足员工的个性化学习需求。企业还可以邀请行业内的资深专家，举办线上线下讲座，以拓宽员工的视野，提升他们的专业素养。

工作氛围的营造同样至关重要。企业应当推行灵活多变的工作制度，如弹性工作时间、远程办公等，以更好地满足年轻一代对工作与生活平衡的追求。此外，企业还应精心策划并举办丰富多样的团队建设活动，旨在进一步增强团队的凝聚力与协作精神。

在管理机制中，激励机制占据重要的位置。为了全面激发员工的潜能，企业不仅要关注物质层面的奖励，还应及时给予员工认可与表扬。这样能够极大地鼓舞年轻员工的士气，进一步激发他们的积极性与创造力。

为此，企业可以精心设计一系列荣誉称号，如"月度之星""创新奖"等，以表彰在工作中表现突出的优秀员工。荣誉不仅是对员工辛勤付出的肯定，更是对他们个人价值的认可。通过这样的方式，企业可以构建更加积极向上的工作氛围，促进员工持续成长与稳步发展。

针对东南亚团队实施偏向年轻化的管理策略，能够有效激发年轻员工的活力与创新能力，为企业在当地市场的稳健发展奠定坚实基础。

3.3.2　欧洲团队：隐私大于天

当企业在海外，特别是欧洲地区设立团队时，应高度重视隐私问题。在欧洲，隐私权是一项不可剥夺的基本权利，其重要性不容忽视。

欧洲拥有极其严格且全面的隐私法规体系，其中最具代表性的是《通用数据保护条例》（General Data Protection Regulation，GDPR）。该法规对企业处理个人数据提出了详尽而严格的要求与限制，任何违规行为都将面临严重的法律后果。因此，在管理欧洲团队时，企业应深入理解并严格遵守这些法规。

在日常的团队管理实践中，企业应高度重视并切实保护员工的个人信息权益。这一保护范畴涵盖员工的家庭背景、健康状态以及财务信息等多方面的敏感资料。具体而言，在收集员工信息的过程中，企业务必清晰、明确地阐述信息收集的目的、用途及信息存储期限，并确保获得员工的充分理解和明确授权。针对尤为敏感的个人信息，企业应实施更为严密的安全措施，以确保信息的机密性、完整性和可用性不受侵犯。

在工作场所实施监控，企业应十分谨慎。具体而言，在安装摄像头或部署监控软件时，必须确保存在充分的合理依据，并且这些监控措施不得过度侵犯员工的个人隐私权。同样，企业应避免随意监听员工的电话或查阅其电子邮件，除非在符合法律规定且经过正当程序的前提下，而且有明确的合法理由。

在与欧洲团队的成员进行交流时，企业应避免询问关乎个人生活的敏感话题，以确保不会给员工带来任何不适或困扰。

在管理欧洲团队时，企业应秉持"隐私至上"的理念。只有尊重并有效保护员工的隐私权益，才能构建起坚实可信的工作伙伴关系，从而为企业在欧洲市场的稳健前行奠定坚实基础。

3.3.3　日本团队：高标准、严要求

日本市场一度以其对品质的极致追求及严谨的态度享誉全球。想要在日本市场中立足的品牌，应以同样或更高的标准来要求自己。这意味着品牌要在产品质量、服务水平以及营销策略等各个方面都追求卓越，以在市场中占据一席之地。

例如，产品设计和制造必须符合日本严格的质量标准，不仅要在性能上表现出色，还要在细节上做到无可挑剔；在服务方面，无论是售前咨询还是售后支持，都要迅速、准确且贴心，以满足日本消费者对优质服务的期待。

严谨的管理体系体现在对团队构建与工作流程的周密规划上。在人才选拔阶段，企业应致力于发掘具备扎实专业知识、丰富实践经历及高度责任感的精英人才。团队成型后，企业应明确界定各成员的工作职责，制定详尽的工作流程与操作标准，确保工作有序进行。

对于项目实施，企业应实行严格的时间节点控制与阶段性成果检验，

确保每个环节都能准时、高效、优质地完成。同时，对工作中出现的偏差与不足，企业应秉持客观公正的态度，及时指出并要求整改，确保问题得到解决，不容有丝毫懈怠与迁就。

以某个成功进军日本市场的电子产品品牌为例，该品牌制定了严格的产品研发与生产标准，对零部件质量进行严格把控，并对每道生产工序进行精细化管理。在团队管理层面，该品牌严格要求员工遵循既定的工作流程与质量标准，对不符合标准的产品采取零容忍态度，坚决不予出厂。正是这份对高标准、严要求的坚守，使得该品牌在日本市场赢得了消费者的广泛赞誉，成功塑造了卓越的品牌形象。

然而，要实现高标准、严要求的管理，还需要注重与日本团队成员的沟通和文化融合。了解和尊重日本的文化特点、工作习惯和价值观念，能够更好地激发团队成员的积极性和创造力。建立开放、透明的沟通机制，及时倾听团队成员的意见和建议，能够让管理措施得到更有效的执行。

总之，管理日本团队，高标准、严要求是关键。这不仅能够提升品牌在日本市场的竞争力，还能够为企业在全球范围内的发展积累宝贵的经验和良好的声誉。

第 4 章

市场调研：挖掘新需求和新机会

品牌出海过程中充满挑战也蕴藏着诸多机遇。在出海之前，开展深入且全面的市场调研尤为重要。这不仅能够使企业洞悉目标市场的发展状况，还有助于挖掘潜藏的新需求与机遇，从而为品牌的国际化征程奠定坚实基础。

4.1　准备：思考重要问题

在进行市场调研之前，企业需要做好准备工作。具体而言，针对不同的情况，如第一次开展海外业务、进入新的海外市场等，企业需要思考不同的问题。企业应明白，全面而深入的思考是顺利开展市场调研、确保调研有效的基石。

4.1.1　第一次开展海外业务应思考的问题

首次开展海外业务绝非易事，对此，企业应深入思考一些重要问题，如图 4.1 所示。

1. 潜在市场的规模大小

为了全面评估市场规模，企业需深入了解目标市场的人口总数、经济发展水平以及消费者购买习惯等关键因素。以一家专注于智能家居设备生产的企业为例，科技接受度较高且经济相对发达的地区，潜在市场规模较大。

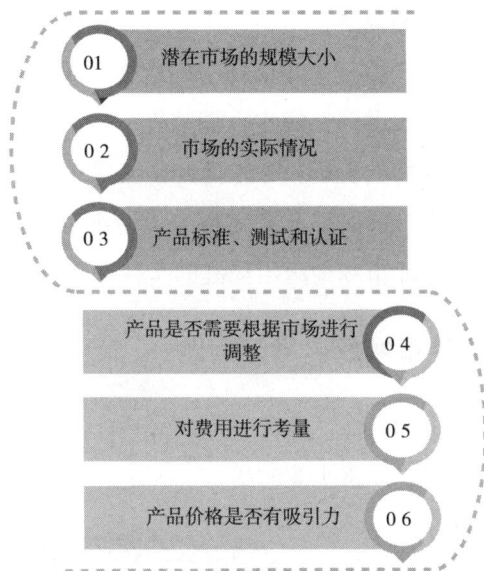

图 4.1　第一次开展海外业务需要思考的问题

2. 市场的实际情况

企业应深入研究所在行业中哪些国家或市场已经对产品表现出明确的需求。这有助于企业在选择市场时作出明智的决策，避免盲目进入需求不足的市场，从而降低风险。

3. 产品标准、测试和认证

不同国家和地区的产品质量、安全和环保标准不同。企业应思考产品是否符合目标市场的要求，是否需要进行特定的测试和获取相关认证。例如，电子设备可能需要通过特定的电池兼容性测试。

4. 产品是否需要根据市场进行调整

企业应考虑其产品的标签和包装是否符合所在地区的语言规范及文化习俗。此外，根据特定市场的需求和偏好，企业可能需要对产品的功能和特性进行定制化优化。

5. 对费用进行考量

企业需要清楚知晓需要支付哪些税费和其他费用，运输成本是多少，合作伙伴的利润预期如何，从而准确计算到达成本或出口价格。

6. 产品价格是否有吸引力

企业应认真评估其产品在目标市场中的价格竞争力。如果产品价格不具备吸引力，企业需要考虑降低成本、调整定价策略，或者通过强调产品的创新性、高品质或独特的售后服务来提升价值感知。

总之，企业第一次开展海外业务需要全面、细致地思考上述问题，做好充分准备，确保在国际市场中迈出稳健的步伐，实现可持续发展。

4.1.2 进入新海外市场应思考的问题

在进入新的海外市场之前，企业也需要思考一些重要问题，以确保每一步都走得稳健而有力，如图 4.2 所示。

图 4.2 进入新海外市场需要思考的问题

1. 市场规模以及增长速度

市场规模大意味着潜在的销售机会多，企业可能需要投入更多的资源（如资金、人力、技术等）来开拓市场。同时，根据市场规模预测，企业可以制定长期和短期的战略规划，确保在市场中占据有利位置。

市场规模的增长速度反映了市场的活力和潜力。快速增长的市场通常意味着更高的投资回报率和更短的投资回收期，但同时也可能伴随着更高的竞争压力和不确定性。通过衡量新海外市场的规模和增长速度，企业可以评估进入该市场的风险与收益，从而作出更加明智的决策。

提前了解新市场的规模和增长速度有助于企业明确自身在市场中的定位。企业可以根据市场规模和消费者需求，制定差异化的产品和服务策略，以满足不同消费者的需求。同时，通过了解市场的增长趋势，企业可以预测未来市场的变化，提前调整市场定位和产品策略。

2. 市场趋势和前景

企业还需要全面了解当地的产业发展方向、政策对不同产业的支持力度以及技术创新的动态。这些因素能够助力企业对市场的未来走向作出准确的预判。例如，某个国家大力推行可再生能源，与之相关的配套产品和服务就站在了风口上，会获得极为广阔的发展空间。企业若能提前布局，便可以在市场中占据有利地位。

3. 市场竞争格局

企业需要了解竞争对手的优势和劣势，分析自身产品的差异化竞争点，从而制定有效的市场竞争策略。如果当地市场已经被几家强大的本土品牌占据主导，企业可能需要通过创新的营销手段或独特的产品特性来突破竞争壁垒。

4. 到岸成本

企业需精确计算产品从工厂运输至目标市场需要的成本，该成本涵盖运输费用、保险费用及关税等费用。此举不仅关乎产品价格的竞争力，更直接影响到供应链的稳健运行与高效管理。具体而言，针对体积庞大、重量大的产品，采取恰当的运输模式并优化物流路径，对显著削减成本具有至关重要的作用。

5. 产品是否符合当地法规要求

不同国家和地区对产品的质量、安全、环保等有不同的规定，企业应提前做好准备，对产品进行必要的调整或认证，以避免因合规问题导致产品无法进入新市场或面临法律风险。例如，某些国家对食品添加剂的使用有严格规定，食品企业在进入新的海外市场时应确保产品符合当地标准。

综上所述，品牌进入新市场是一项复杂而系统的工程，它要求品牌从多个维度和层面进行深刻的思考和周密的规划。

4.2 市场调研的内容有哪些

品牌出海时，进行全面且深入的市场调研必不可少。市场调研的内容应涵盖多个方面，如竞争对手调研、海外消费者调研以及当地政策和法律调研等，下面将进行详细介绍。

4.2.1 竞争对手调研

深入了解竞争对手，能够让企业清晰地认知自身在市场中的定位，这涵盖了对对手产品特性与优势的全面了解。同时，需洞察竞争对手的市场策略、定价策略及品牌推广策略。通过深入分析这些方面，企业能够挖掘市场空白与潜在机遇，进而精准地规划出海战略。

以比亚迪为例，在拓展海外市场的过程中，对竞争对手进行了深入调研，如图4.3所示。比亚迪进军欧洲新能源汽车市场时，曾面临来自传统汽车巨头及新兴电动汽车品牌的双重竞争挑战。

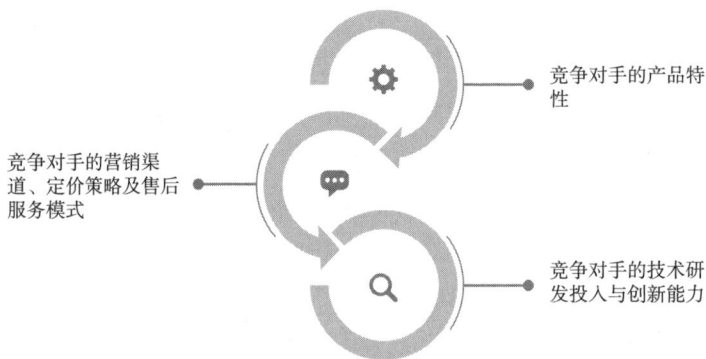

图 4.3 比亚迪竞争对手调研

（1）比亚迪对竞争对手的产品特性进行了详尽的分析。它细致研究了特斯拉、大众等品牌的车型设计、续航里程、智能化配置等方面的优势与短板。通过对比，比亚迪识别出自身在电池技术与成本控制方面的优势，同时也意识到自己在品牌知名度与车辆设计时尚感方面尚存提升空间。

（2）在市场策略层面，比亚迪密切关注竞争对手的营销渠道、定价策略及售后服务模式。例如，部分竞争对手凭借大规模的广告投放与品牌推广活动迅速提升了品牌知名度，而另一些竞争对手则通过与当地经销商建立紧密合作关系来拓展销售网络。比亚迪在汲取竞争对手成功经验的基础上，结合自身特点制定了更具针对性的市场推广与销售策略。

（3）比亚迪还对竞争对手的技术研发投入与创新能力进行了评估。了解到部分竞争对手在自动驾驶技术与车联网领域的领先布局后，比亚迪加大了对这些领域的研发投入，持续提升自身技术实力，以保持市场竞争力。

经过对竞争对手的全面剖析，比亚迪精准地把握行业动态，并确立了清晰的市场定位，成功构建了差异化的竞争优势。在巩固并持续扩大技术优势的基础上，比亚迪致力于对产品与服务进行深度精细化优化。这一举措使其在海外市场稳扎稳打，实现了迅猛发展。

总之，通过深入分析竞争对手，企业能够更好地找准自身定位，制定出更具针对性和竞争力的出海策略。

4.2.2　海外消费者调研

对海外消费者进行调研不仅是收集与分析消费者数据，更是对全球不同市场文化的深刻洞察与理解。这要求品牌细致入微地探究海外消费者的真实需求、消费习惯以及背后的文化因素。

以 36 氪拓展北美市场为例。36 氪全球研究院的资深分析师司曼琪所作的《北美 App 应用市场概况及用户洞察》的精彩分享，就是一份详细的海外消费者调研报告。

在消费者特征层面，美国的多元化特性尤为显著，其中，1995—2009 年出生的人更追求个性化。他们热衷于通过图像交流类 App 展现自我，渴望以独特的方式表达对生活的热爱，对于能够满足其个性化需求的 App 具有极高的忠诚度。在这方面，Snapchat（色拉布）凭借多样化的滤镜和富有创意的功能，成功获得了这一用户群体的青睐，成为他们分享生活瞬间的热门平台。

20 世纪未成年、21 世纪成年的一代人具有多样化的生活习惯与兴趣，愿意积极响应推送通知及短信消息。如果品牌能敏锐捕捉这一特点，及时向他们推送定制的产品资讯及优惠活动，便能有效吸引他们的关注。例如，电商平台利用短信服务精准推送限时折扣信息，往往能点燃这一代人的购物热情，激发他们的购买欲望。

1965—1980 年出生的人作为社交媒体的主要用户群体，高度重视人机互动。鉴于这一特点，品牌可在社交平台上精心策划更具互动性的营销活动，旨在加强与这一用户群体的深入交流与沟通。

相比之下，1946—1964 年出生的人虽在适应移动技术方面稍显迟缓，但在零售 App 的使用上却展现出积极的姿态。针对他们，品牌应致力于提供简洁直观、易于上手的零售 App 界面，并配以清晰明了的操作指南，以显著提升其使用体验并增加购买频率。

司曼琪进一步指出，相较于中国消费者，美国消费者在 App 上的消费倾向尤为突出，单次下载 App 所带来的平均利润几乎是中国市场的 7 倍之多。这一洞察深刻揭示了北美 App 市场蕴含着巨大的盈利空间和潜力。然而，这也对品牌提出了更高的要求，即必须专注于提供更高品质、更具价值的产品与服务，以精准对接并满足市场的多元化需求。

品牌想要成功进入海外市场，就要充分了解海外消费者的特点和需求，制定有针对性的产品策略和营销策略。

4.2.3　当地政策和法律调研

在品牌出海的战略布局中，对目标市场政策和法律的深入调研是确保企业稳健前行、避免潜在风险的关键。

以美国市场为例，两部关键性法律——《谢尔曼反托拉斯法》与《克莱顿反托拉斯法》对企业在市场中的竞争行为设立了严格的法律框架。品牌在进入美国市场时，若未能充分了解并遵守这些法律，可能会因市场推广、定价策略或企业合并等方面的疏忽，而面临高额罚款乃至法律诉讼的风险。具体而言，定价行为中，任何与竞争对手达成的价格协议，或采用不正当手段削弱竞争对手市场地位的行为，均可能触犯反托拉斯法。

再看澳大利亚市场，《澳大利亚消费者法案》对产品质量、消费者权益保护等方面设定了详尽的法律规范。出海企业需确保其产品符合高标准的质量要求，提供准确无误的产品信息，并在售后服务方面全面满足法律所规定的各项要求。若产品存在质量问题或涉及虚假宣传，将面临严厉的法律制裁。

在欧洲，特别是针对欧盟市场，《通用产品安全条例》要求企业对其在欧盟销售的产品承担严格的安全责任。如果品牌出口的产品未能达到该条例所规定的安全标准，将面临产品召回的风险，这不仅会导致企业承受巨大的经济损失，还会对品牌声誉造成不可挽回的损害。

此外，新兴市场，如印度，其政策与法律处于动态变化之中，可能对品牌的投资和运营模式产生深远影响。因此，品牌在进入这些市场时需保持高度警觉。

品牌出海时还需深入调研并严格遵守当地的劳动法律法规。以德国为例，德国涉及劳动用工的规定分散在多部法律中，企业应对此有所了解，遵守各项法律法规，以避免劳动纠纷。

综上所述，品牌出海不是简单的市场拓展，而是需要对目标市场的政策和法律进行全面、深入的调研。忽视这一环节，可能会给企业带来无法挽回的损失，甚至导致出海战略的失败。

4.3　市场调研的信息来源

在进行品牌出海的市场调研时，企业可依托多种信息来源以获取全面准确的洞察。这些来源包括由相关政府部门出台的"一带一路"国别相关文件、目标市场政府官网的信息、海外文库以及行业公开报告与数据。通过综合运用这些资源，企业能够更精准地定位市场，为出海策略的制定提供坚实支撑。

4.3.1　"一带一路"相关文件

"一带一路"相关文件全面囊括了众多国家的基础概况，为企业精准把握目标市场的情况提供助力。

这些文件深入剖析了各国的地理环境、自然资源禀赋以及人口结构等核心要素。以计划进军东南亚某国的品牌为例,通过详尽阅读此指南,品牌能清晰洞察该国主要城市的布局、人口密度分布情况,以及自然资源的独特优势,进而精准评估市场的潜在容量与需求。

政治环境是影响品牌出海的重要因素,而这些文件在这方面提供了深入的分析,包括各国的政治体制、政策稳定性、政府治理效率等内容。比如,某些国家政治稳定,政策连续性强,为企业长期投资提供了可靠的保障;而一些国家可能正处于政治转型期,政策变动较大,企业在进入时则需要更加谨慎地评估风险。

"一带一路"这些文件深入剖析了沿线国家与我国的贸易互动现状,全面覆盖了贸易规模、核心进出口商品类别以及可能遭遇的贸易壁垒等重要内容,对品牌精准评估其产品在目标市场中的竞争优势与潜在发展空间具有重要的价值。

设想一个服装品牌正计划拓展海外市场,借助这些文件,该品牌洞悉到某一国家对服装的进口需求呈现稳步增长态势,且该国关税政策极为优惠,这无疑为品牌成功进军该市场铺设了一条坚实的道路,为其国际化战略的顺利推进注入了强大的动力。

此外,这些文件还涉及各国的产业发展规划、投资政策、税收优惠等方面的信息。这些内容能够帮助企业更好地制定战略,合理配置资源,充分利用当地的有利条件。

总之,"一带一路"相关文件凭借其丰富而全面的信息,成为品牌出海进行市场调研时不可或缺的重要工具。企业应充分利用这一资源,深入挖掘各国市场的潜力。

4.3.2 目标市场政府官网

政府官网作为发布权威信息的重要平台,其提供的数据和资料均具备高度的准确性和无可置疑的可信度。对于拓展海外市场的企业而言,这一平台无疑是洞察目标市场经济、政治、社会及文化环境的宝贵窗口。

例如，当企业输入关键词"site gov USA coffee market（美国咖啡市场网站）"进行搜索时，即可轻松从美国政府的官方网站上获取一系列极具价值的数据和信息。这些数据的重要性与参考价值不容忽视。

（1）该政府官网提供了关于美国咖啡市场规模和增长趋势的准确统计。通过相关部门发布的报告和统计数据，企业可以清晰地了解到近年来美国咖啡消费的总量变化、人均消费量的增减，以及不同地区的消费差异。这有助于企业判断咖啡市场的潜力和增长空间，从而合理规划产能和销售目标。

（2）官网上能获取到有关行业法规和标准的详细信息，如美国食品药品监督管理局（FDA）对咖啡产品的质量、安全和标签要求的规定。企业只有充分了解并严格遵守这些规定，才能确保产品顺利进入市场，避免因违规而遭受处罚，维护品牌的声誉和形象。

（3）政府发布的经济数据和政策动态也对品牌出海有着重要影响。企业能够在政府官网查找到 GDP 增长趋势、产业结构、劳动力市场状况等数据，有助于企业评估市场的总体消费能力和潜在需求，从而确定自身产品或服务在目标市场中的定位和发展空间。

例如，税收政策的调整可能会改变企业的成本结构，贸易政策的变化可能影响咖啡原材料的进口和成品的出口。及时掌握这些信息，品牌可以提前调整策略，降低风险，抓住机遇。

此外，企业还能从政府官网了解到市场竞争的相关情况，如提供了有关咖啡行业内企业数量、市场集中度以及主要品牌的市场份额等信息。这有助于新进入的品牌找准自身定位，制定差异化的竞争策略，避免与强大的竞争对手正面竞争。

目标市场政府官网的信息具有权威性、全面性和及时性。在品牌出海的过程中，深入利用这一宝贵的信息资源，能够助力企业精准洞察市场动态，有效规避潜在风险，为拓展国际市场奠定坚实的基础。

4.3.3　海外文库

海外文库广泛覆盖各个领域与主题，为品牌出海调研提供了大量可用的资源。

Slideshare（幻灯片分享）作为全球最大的 PPT 分享网站，以其开放式的免费服务吸引了众多用户。值得一提的是，许多国外专家将在研讨会上的主题演讲内容上传至此，其中包含了大量有关市场、贸易等方面的深度分析报告。

对于计划出海的品牌来说，Slideshare 上的这些资源具有多重价值。

（1）它提供了多元化的视角。不同领域的专家从各自的专业角度出发，对市场趋势、消费者行为、竞争格局等进行剖析。例如，一份关于某新兴市场消费电子行业的分析报告，可能会从技术发展、品牌竞争、渠道变革等多个维度展开，为品牌进入该市场提供全面的思考框架。

（2）Slideshare 上的报告往往具有较强的时效性。由于专家通常会基于最新的市场动态和数据进行研究和演讲，因此企业能够获取到当下最前沿的信息。这有助于企业及时调整战略，抓住稍纵即逝的市场机遇，避免因信息滞后而作出错误决策。

（3）这些报告中的案例分析具有很强的借鉴意义。通过实际的案例，企业可以了解其他企业在海外市场拓展过程中的成功经验和失败教训。

（4）Slideshare 极大地推动了跨领域知识融合。在市场调研过程中，企业不仅能够深入了解本行业的最新动态，还能从其他相关行业的报告中汲取灵感与启示。例如，一个食品企业或许能从科技行业的市场创新报告中洞察到新颖的营销渠道或客户互动策略，从而明确市场策略优化的方向。

在运用 Slideshare 进行市场调研时，企业应该秉持批判性思维。鉴于报告来源的广泛性与质量不一，对信息的筛选与核实显得尤为重要。

不可否认的是，Slideshare 作为一个拥有海量内容的海外文库，为品牌国际化进程中的市场调研提供了开阔的视野与宝贵的素材，成为企业探索国际市场征途中的得力工具。

4.3.4 行业公开报告与数据

为了更好地拓展海外市场，提升自身产品和服务在国际市场上的竞争力，企业往往会通过深入研究和分析行业内的公开报告数据进行出海的市场调研。

行业公开报告与数据为企业提供了极为宝贵的信息与深刻洞察，通常包括四种类型，如图 4.4 所示。

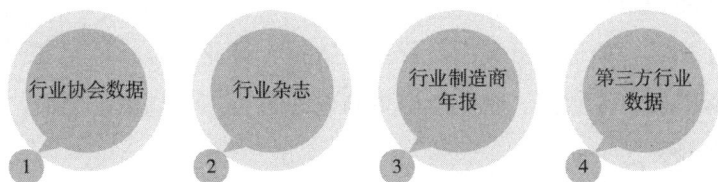

图 4.4　行业公开报告与数据的类型

1. 行业协会数据

行业协会是特定行业内的主体自愿成立的自治性组织，它们收集和发布大量与行业相关的数据和报告。这些数据涵盖了市场规模、增长趋势、行业政策、技术发展等方面。通过研究行业协会提供的数据，企业可以全面了解所在行业的整体情况，把握市场发展趋势和方向。

2. 行业杂志

行业杂志聚焦特定行业的动态、趋势和最佳实践，往往包含专家观点、案例研究和最新的市场情报。企业可以通过订阅相关的行业杂志，及时获取最新的行业信息，了解竞争对手的策略以及市场的创新趋势。例如，时尚行业的杂志会发布最新的时尚潮流、品牌推广策略以及消费者偏好的变化。

3. 行业制造商年报

行业主要制造商的年报也是不可或缺的调研资料。年报中通常包含公司的财务状况、业务发展战略、市场份额以及对行业未来的展望。通过分析这些信息，企业可以了解行业领先企业的成功经验和面临的挑战，从而为自身的出海策略提供参考。以汽车行业为例，研究知名汽车制造商的年报，企业可以了解其在全球市场的布局、新产品研发投入以及销售业绩，有助于企业制定差异化的竞争策略。

4. 第三方行业数据

第三方行业数据提供商能够提供更加全面和专业的市场数据和分析报

告。这些机构通过广泛的市场调研和数据收集，为企业提供定制化的报告和解决方案。例如，市场研究公司可能会针对特定的海外市场进行消费者行为调查，提供关于品牌认知度、购买意愿、消费习惯等详细数据，帮助品牌精准定位目标客户群体。

综上所述，通过充分利用行业协会数据、行业杂志、行业主要制造商年报和第三方行业数据，企业能够更高效地进行市场调研，全面、准确地了解海外市场。

第5章

品牌定位：掌握出海方向性命脉

品牌定位精准与否，直接关系到企业出海的成败。企业应从长远的角度出发，结合自身的优势、产品的特点以及目标市场的实际情况，进行科学、合理的品牌定位，以确保在复杂多变的海外市场中，品牌能够准确地传达其价值主张，赢得消费者的信任和支持。

5.1　出海能否成功，关键看定位

出海能否取得成功，关键在于定位是否准确。然而，定位理论存在一些盲区，会影响定位的准确性，企业对此应有深入的了解。此外，在进行品牌定位时，企业还需要考虑到其他要素。

5.1.1　定位理论的盲区

品牌定位不仅是确定一个位置，更是塑造品牌、产品和服务在目标市场中的独特形象。然而，定位理论并非完美无缺，它存在一些容易忽视的盲区，如图 5.1 所示。

1. 脱离心智谈定位

定位理论的核心在于抢占消费者的心智。然而，一些品牌在出海时，仅从自身的角度出发，忽视了目标市场消费者的心智认知和需求。这种脱离心智的定位往往难以引起消费者的共鸣。例如，某些品牌在海外市场强行推广自己在本土市场的优势，却没有考虑到当地消费者的文化背景、消费习惯和价值观的差异。

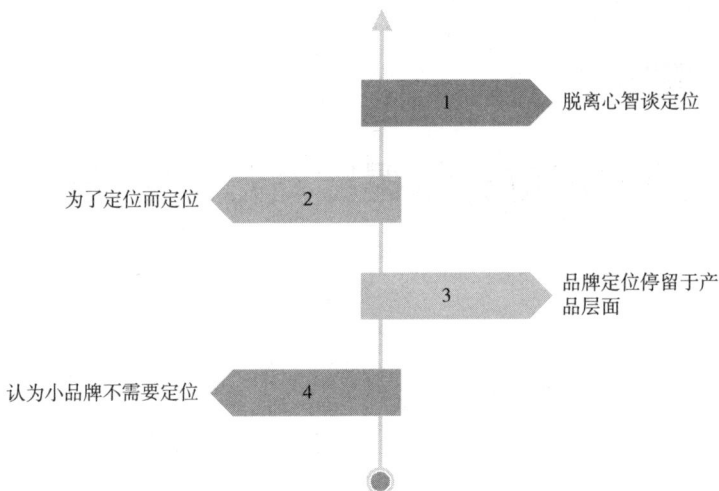

图 5.1　定位理论的盲区

以某麻辣烫品牌为例，其出海时只关注菜品的丰富和口味的独特，而没有深入研究当地消费者对快餐类食品的心智认知，无法真正打动消费者。消费者的心智中可能已经存在对类似餐饮品牌的固有印象和期望，如果该品牌的麻辣烫不能与之契合或者超越，就难以在市场中立足。

2. 为了定位而定位

有些品牌在出海时，过于追求独特的定位，而忽略了定位的合理性和可行性。它们可能会盲目跟风市场上的热门趋势，或者过度追求差异化，导致定位与自身的资源和能力不匹配。这样的定位无法得到有效的执行和落地，最终成为空中楼阁。

例如，看到其他快餐品牌强调快速服务，某餐饮品牌也将自己定位为"极速餐饮"，但其在供应链和运营流程上无法真正实现快速高效，那么这个定位就只是一个空洞的口号。

3. 品牌定位停留于产品层面

品牌定位局限在产品层面是一个常见的误区，这样会忽视品牌的情感价值、文化内涵和形象塑造等方面。想要成功出海的品牌，需要在产品特性的基础上构建起独特的品牌形象和价值观。

以智能手机为例，消费者可能因某款手机具备卓越的拍照能力而心动购买，但随后，他们可能只记得拍照效果很好，而非详尽的技术参数。同样，在喜茶门前排队等候、品尝并分享至朋友圈的顾客，其背后的驱动力更多源自品牌带来的体验与社交价值，而非单纯因为饮品本身的味道超乎寻常。

真正的品牌定位，应当是深刻理解并回应消费者内心所需，而后决定提供何种价值或体验。换言之，品牌应先洞察市场与消费者的需求，再据此定制产品或服务，而非简单"我有即我卖"，将产品生硬推向市场。

4. 认为小品牌不需要定位

认为小品牌不需要定位的观点是错误的。实际上，相较于大品牌，小品牌对品牌定位的需求更为迫切。大品牌凭借其规模与资源优势，或许能够在一定程度上承受失误与波动的冲击。然而，对于资源有限且更为脆弱的小品牌而言，它们难以承受任何形式的波折，即便是微小的市场营销失误，也可能对其造成重大的损失与深远的影响。

总之，品牌定位需要企业全面、深入地思考，避免陷入上述理论盲区。只有真正理解消费者的心智，结合自身的优势和特点，制定出清晰、独特且具有可持续性的定位策略，品牌才能在海外市场中乘风破浪，取得成功。

5.1.2 做定位，要掌握三要素

品牌定位的精准程度，直接关系到消费者对品牌的认知深度与选择倾向。为了确保品牌定位的精准性，企业需要深入考量三大核心要素：内部优势、了解目标客户以及有效的竞争策略。

1. 内部优势

每个品牌都有独特的优势，这些优势可能体现在多个方面，如领先的技术、卓越的团队、深厚的行业经验或开创性的商业模式。以服装品牌为例，其内部优势可能是精湛的剪裁工艺和稳定的优质面料供应渠道。

企业应当深入挖掘并细致评估自身的优势，通过有效的转化，使它们成为品牌核心竞争力。如果忽视内部优势，品牌定位便可能如无源之水，难以在激烈的市场竞争中脱颖而出。

2. 了解目标客户

了解目标客户是品牌定位的关键。只有深入了解目标客户的需求、偏好、消费习惯和心理特征，品牌才能精准地满足他们的期望。例如，一家面向年轻职场女性的化妆品品牌，需要了解这一群体对妆容效果、产品成分、包装设计等方面的具体要求。

通过市场调研、数据分析和与客户的直接互动，企业可以获取有价值的信息，从而优化产品和服务，使品牌定位更贴合目标客户的需求。

3. 有效的竞争策略

在竞争激烈的市场中，品牌需要制定有效的竞争策略来突出自身的特色。例如，差异化竞争策略，通过提供独特的价值主张来区别于竞争对手；成本领先策略，以更具性价比的产品吸引消费者。

例如，一家新兴的在线教育品牌，如果其竞争对手在课程内容上具有优势，那么它可以通过提供个性化的学习方案和优质的客户服务来形成差异化优势。

总之，内部优势构成了品牌定位的坚实基础，深入洞察目标客户则是明确定位方向的关键所在，而有效的竞争策略则是突出品牌特色的有效手段。这三者相辅相成，缺一不可，共同为品牌塑造出一个既清晰又独特，且极具吸引力的市场定位。

5.2 定位核心：打造品牌 DNA

品牌定位的核心在于打造品牌 DNA。这需要企业着重关注品牌的宗旨、愿景和使命，它们共同构成了品牌的精神内核。而品牌走向海外市场，具备鲜明个性至关重要。独特的个性能够让品牌在市场竞争中脱颖而出，吸引海外消费者的目光。

5.2.1 品牌的宗旨、愿景和使命

在品牌出海的过程中，企业需要精心构思并坚定不移地执行一套全面

而周密的策略，以确保品牌的宗旨、愿景与使命能够跨越国界，在全球范围内实现广泛传播。

1. 品牌的宗旨

品牌的宗旨是品牌存在的意义和目的，回答了"我们为何而生"这一问题。以安踏为例，其在拓展国际市场的过程中，始终秉持"不做中国的耐克，要做世界的安踏"这一宗旨。

这一宗旨如同灯塔，引领安踏不断突破创新，研发出既具备卓越性能又不失时尚感的运动产品，同时向全球消费者传递出积极向上、勇于挑战的正能量。正是这样的坚持，使得安踏在海外市场赢得了广泛的认可与喜爱。

2. 愿景

愿景是品牌对未来美好图景的憧憬与规划，它勾勒出品牌长远发展的蓝图。我国新能源汽车领域的佼佼者蔚来，在开拓国际市场的道路上，怀揣着成为全球领先的智能电动汽车品牌的宏伟愿景。为实现这一愿景，蔚来不仅在产品研发与设计上倾注心血，更积极构建全球化的销售与服务网络。通过提供高端、智能、环保的汽车产品以及卓越的用户体验，蔚来在国际舞台上树立起高端纯电动汽车品牌的形象。

3. 使命

使命是品牌为实现愿景所肩负的责任，它明确了品牌前行的方向与路径。在出海的过程中，完美日记以"让人人皆可轻松变美"为使命，致力于打破传统美妆的界限，为全球消费者带来更加多样化、个性化的美妆选择。通过与国际知名设计师紧密合作，完美日记不断推出独具特色、风格鲜明的产品包装与色彩搭配，成功吸引了众多追求个性之美的海外消费者。

一个明确且极具感染力的品牌宗旨，能够让消费者领会到品牌存在的深远意义与独特价值；一个远大且切实可行的愿景，则为品牌的发展绘制了辉煌的蓝图，并激发了团队成员的昂扬斗志与无限创造力；而一个充满责任感的使命，则能够触动消费者的心灵，引起消费者的共鸣。

5.2.2 走向海外，品牌必须有个性

品牌个性，作为品牌的精髓所在，是消费者在琳琅满目的商品中迅速辨识品牌的产品并产生情感共鸣的核心驱动力。李宁的"中国李宁"系列

图5.2 李宁的国风短袖

产品，凭借独树一帜的品牌个性，成功在国际舞台上崭露头角并占据一席之地，如图5.2所示。

"中国李宁"系列产品匠心独运，巧妙地将我国传统文化与现代时尚元素融合。它并非仅限于售卖产品本身，更致力于在全球范围内传播和弘扬我国传统文化。具体而言，该系列服装巧妙融入我国传统的图案、色彩与精湛工艺，如蕴含深厚文化底蕴的汉字、意境深远的水墨画以及细腻精美的刺绣等。

这种别具一格的文化融合策略，使得"中国李宁"系列产品在国际时尚舞台上脱颖而出，独树一帜。对于消费者而言，他们购买的不仅是一件衣服或一双鞋子，更是对我国传统文化的深刻认同与由衷喜爱。

创新是"中国李宁"系列产品独特个性的显著标志之一。设计师始终秉持勇于突破、敢于创新的精神，不断挑战传统设计理念和商业模式。在产品研发方面，设计师敢于尝试新材料、新技术，不断推陈出新，力求为消费者带来前所未有的全新体验。通过与国际知名设计师、艺术家的紧密合作，该系列产品不断拓展品牌的创意边界，进一步提升了品牌的国际影响力，吸引了更多国际关注和认可。

同时，"中国李宁"系列产品还注重品牌故事的讲述。品牌背后的故事能够赋予产品更深层次的意义，引发消费者的情感共鸣。它向世界展示了中国品牌的成长历程、坚持与梦想，让消费者在购买产品的同时，也能感受到品牌的精神内涵。

在品牌传播方面，李宁善于利用社交媒体和时尚活动推广"中国李宁"系列产品，以独特的视觉效果和引人入胜的内容吸引消费者的关注。

例如，在时装周上的精彩亮相，通过震撼的秀场展示，迅速提升了品牌的国际知名度。

其他渴望出海的品牌可以借鉴李宁的经验，深入挖掘自身的文化内涵和创新能力，塑造鲜明的品牌个性，从而在全球市场中绽放光彩。

5.3　定位必备理论和模型

品牌定位是企业出海战略规划的重要组成部分。为了精确地进行品牌定位，确保品牌能够在消费者心中占据独特的位置，企业可以借助相关理论和模型。具体而言，USP 定位理论和"大理想"模型能够为企业提供系统化的方法，确保品牌定位的有效性。

5.3.1　USP 定位理论：独特的销售主张

20 世纪 50 年代初，美国营销大师罗瑟·里夫斯提出了独特的销售主张理论，即向消费者表达一个独特的销售主张（unique selling proposition，USP）。40 多年后，广告企业达彼思将这个理论发扬光大，并衍生出新型定位方法——USP 定位。

从概念层面来看，竞争性定位也属于 USP 定位的一种，但从实践层面来看，USP 定位更强调产品的功效和利益，是物理性质的定位。在使用 USP 定位时，有一个非常重要的前提，那就是产品必须具有独特的功效。

无论是之前还是现在，USP 定位都是绝大多数品牌的最佳选择。尤其对于那些以生产科技创新产品、工业产品为主的品牌而言，USP 定位是合适的定位方法。USP 定位能够推动创新思维和工业设计的优化，如简单、极致、重点突破等元素，都和 USP 定位有关。

以小米为例，其成功出海的关键在于"高性价比"的 USP 定位。在海外市场，小米手机和智能设备以相对较低的价格提供了与高端品牌相媲美的性能和功能。这一独特价值主张吸引了众多对价格敏感但又追求品质的消费者，帮助小米迅速在全球范围内积累了大量用户。

另一个典型案例是抖音海外版 TikTok。TikTok 的 USP 在于其创新的短视频内容创作和分享模式。它为用户提供了一个简单易用、充满创意和娱乐性的平台，让用户能够轻松制作和分享有趣的短视频。这种独特的用户体验使其在全球范围内迅速流行，成为年轻人喜爱的社交应用。

总而言之，USP 定位的核心是着眼于某个独特的产品功效，进行概念包装，加深消费者的印象，形成强大的竞争壁垒。

5.3.2 "大理想"模型：以真实影响海外消费者

"大理想"模型强调品牌不仅提供产品或服务，更传递一种价值观，与消费者建立深层次的情感连接。当品牌能够代表一种积极向上、富有意义的价值观时，它便能激发消费者内心强烈的认同感与归属感，促使他们在众多品牌中更倾向于选择自己，成为自己的忠实拥趸。

以 Ubras（彼悦）为例，在出海过程中，其巧妙地运用了"大理想"模型。Ubras 始终秉持舒适、自由与自信的内衣穿着理念，与当今全球女性追求自我实现与舒适生活的渴望不谋而合。

在拓展海外市场的过程中，Ubras 深入洞察了当地女性对内衣的独特需求与深切期望。其敏锐地捕捉到，越来越多的海外女性正逐步挣脱传统内衣的桎梏，追求更为自在与自然的穿着感受。为此，Ubras 将"提供极致舒适的内衣，助力女性自信展现真我风采"作为品牌的核心定位，传递出一种尊重女性身体、鼓励女性拥抱自由与舒适的价值观。

通过一系列精心策划的营销活动和独具匠心的产品设计，Ubras 成功地向海外消费者传达了其品牌的核心价值观。在广告宣传中，Ubras 巧妙地突出了女性在穿着其内衣时所展现出的自信与轻松，令人印象深刻。而在产品研发方面，Ubras 不断创新，精选更加柔软、透气的面料，致力于为消费者带来前所未有的舒适体验。

这种基于"大理想"模型的品牌定位策略，让 Ubras 在海外市场迅速赢得了消费者的广泛认可和喜爱。消费者选择 Ubras，不仅因为其产品本身卓越的质量和实用的功能，更因为她们对品牌所倡导的价值观产生了共鸣，感受到品牌对她们的理解和坚定支持。

"大理想"模型为品牌国际化发展提供了坚实的指导。通过精准地定义并传达积极向上的品牌价值观，品牌能够在竞争激烈的海外市场中塑造独一无二的竞争优势，赢得消费者的喜爱。

5.4　品牌定位的三个关键词

想要进行精准的品牌定位，企业需要了解三个关键词。一是聚焦，即在广阔的海外市场中精准找到一个细分领域，深挖潜力。二是对立，即瞄准竞争对手，找准差异点，凸显自身优势。三是分化，通过创新与差异化策略，抢占海外市场份额，实现品牌的突破与发展。这三个关键词相互关联，共同助力品牌在海外市场找准定位，站稳脚跟。

5.4.1　聚焦：在海外找一个细分领域

国际市场需求多样化，竞争十分激烈。如果品牌试图覆盖广泛的领域，很容易迷失方向，资源也会被分散，难以形成核心竞争力。相反，选择一个细分领域进行精耕细作，则能够集中精力，形成独特优势，如图 5.3 所示。

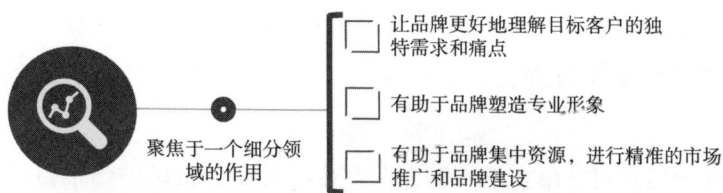

聚焦于一个细分领域的作用

- 让品牌更好地理解目标客户的独特需求和痛点
- 有助于品牌塑造专业形象
- 有助于品牌集中资源，进行精准的市场推广和品牌建设

图 5.3　聚焦于一个细分领域的作用

（1）聚焦细分领域能够让品牌更好地理解目标客户的独特需求和痛点。以智能健康设备品牌为例，出海时如果选择聚焦"运动康复辅助设备"这一细分领域，就能够精准地满足特定消费者群体的需求。企业通过深入研究这一领域，能了解目标市场中运动爱好者在康复过程中的痛点，有针对性地研发和推出产品。例如，专门为膝盖受伤的跑步爱好者设计的智能护膝，能够实时监测关节活动度和压力，并提供个性化的康复建议。

（2）聚焦细分领域还有助于品牌塑造专业形象。在消费者心目中，那些专注于某一细分领域的品牌往往具有更高的专业性和权威性。这是因为品牌对某一领域的深入研究，以及对该领域专业知识的掌握，在无形中传递出专业性和权威性。

（3）有助于品牌集中资源，进行精准的市场推广和品牌建设。通过深入洞察市场需求和消费者偏好，企业能够制定出更具针对性的营销策略，有效吸引并留存目标客户群体。同时，集中资源也有助于提升品牌形象的统一性和辨识度，进一步增强品牌的市场竞争力和影响力。

此外，细分领域的竞争相对较小，企业更容易在短时间内赢得较高的市场份额和知名度。以智能家居市场为例，专注于"智能宠物喂食器"这一细分领域，企业可以避免与大型智能家居品牌正面交锋，从而更快地占领市场。

总之，品牌出海时瞄准一个细分领域，能够实现精准定位，深入了解客户需求，避开激烈竞争，集中资源打造独特优势。通过在细分领域中精耕细作，品牌有望在海外市场开辟出一片属于自己的广阔天地。

5.4.2　对立：瞄准你的竞争对手

瞄准竞争对手有助于企业明晰自身在市场中的位置。海外市场竞争格局复杂且变幻无常，通过对竞争对手的产品特性、价格策略、市场占有率、营销渠道等方面进行剖析，企业能够通过对比洞察自身的优势与短板。

此外，通过对竞争对手的研究，企业能够发掘市场中尚未得到满足的需求和痛点，进而有针对性地开发独有的产品功能、服务或体验。市场环境变幻莫测，竞争对手的策略也处于持续变化之中。只有密切留意竞争对手的一举一动，企业才能迅速反应，维系品牌的竞争力。

以我国家电行业巨头 TCL 为例，在其筹备进军北美市场之际，遭遇了来自国际行业巨头等强大竞争者的严峻挑战。它们凭借卓越的显示技术与深厚的品牌价值积淀，在高端电视市场占据了较大份额。TCL 通过深入的市场分析，敏锐洞察到这些竞争对手在中低端市场的产品功能丰富度与性价比尚存在优化空间。因此，TCL 精准定位自身，致力于提供高性价比、功能全面的中低端电视产品。

通过不断优化供应链管理、有效降低生产成本，并持续加大技术研发力度，TCL 成功推出了一系列价格亲民且性能卓越的电视产品，赢得了北美消费者的青睐与好评，在竞争激烈的北美市场中建立了稳固的地位。

再来看知名餐饮品牌海底捞，在其扩展海外市场的过程中，遭遇了来自当地众多知名连锁餐饮品牌的激烈竞争。例如，国际快餐业巨头凭借全球范围内的广泛品牌认知度与成熟的运营模式，构成了强大的市场壁垒。

然而，海底捞并未因此而退缩，而是通过深入研究竞争对手，发现它们在个性化服务与品类创新方面存在不足。于是，海底捞通过为顾客提供美甲、擦鞋等独具特色的增值服务，以及不断研发创新特色火锅锅底与选用新鲜食材，成功在海外市场树立了独特的品牌形象，吸引了大量消费者的关注与喜爱。

瞄准竞争对手展开深入分析与研究，是进行精准的品牌定位的关键。只有熟悉竞争对手，品牌才能以独特的价值主张吸引消费者，最终实现成功出海的目标。

5.4.3　分化：抢占海外市场份额

在当今全球经济一体化的背景下，海外市场呈现明显的分化趋势。鉴于这一现实，许多品牌已将抢占海外市场份额视为其战略蓝图中的重要目标。

品类分化是市场分化在产品层面的具体体现。速食市场长期保持高度竞争态势，其中方便面、自热火锅等品类占据大部分市场份额。然而，"东方魔力"公司凭借其敏锐的市场洞察力，深刻把握了消费者对健康、低卡路里且便捷的食品日益增长的需求，并果断地进行了品类创新，推出了桶装速食魔芋面产品。

魔芋面以其低热量、高纤维的独特属性，契合了现代人追求健康饮食的潮流趋势。"东方魔力"将魔芋面创新性地打造为桶装速食形式，显著提升了产品的便捷性，从而在进入海外市场时，凭借这一独特的品类定位获得了先发优势。

为了成功拓展海外市场,"东方魔力"采取了多种策略。

(1)针对不同海外市场进行了详尽的市场调研,依据各市场特点制定了差异化的营销策略。在注重健康饮食的欧美市场,"东方魔力"着重强调魔芋面的低卡路里和高营养特征,以吸引追求健康生活方式的消费者;而在亚洲等生活节奏快的市场,则突出其方便快捷的特性,以满足忙碌的消费者的需求。

(2)在产品包装和宣传方面,"东方魔力"巧妙融合了当地文化元素,增强了产品的亲和力,使其更易被海外消费者接受。同时,"东方魔力"灵活运用线上线下相结合的营销手段,有效提升了品牌知名度和市场影响力。

(3)"东方魔力"还持续优化产品口感和口味,以满足不同地区消费者的偏好。在欧美市场,"东方魔力"推出了符合当地口味的酱料包;而在亚洲市场,则增加了更多辣味和鲜味的选择,以满足消费者的多样化需求。

综上所述,"东方魔力"通过精准的品类分化、深入的市场调研、有效的营销策略以及持续的产品优化,成功在海外速食市场立足并不断扩大市场份额。

这一案例充分展示了在海外市场竞争中,找准品类分化的切入点并综合运用多种策略的重要性,为企业在激烈的竞争中脱颖而出、实现市场扩张提供了有力借鉴。

第 6 章

产品打造：以产品力提高海外声誉

产品打造是一项系统工程，其核心目标是通过精心策划、设计和制造高质量的产品，从而在全球市场上树立良好的品牌形象，提高产品的国际竞争力。在这一过程中，产品力是衡量一个产品能否在激烈的市场竞争中脱颖而出的关键因素。

6.1　产品是品牌出海的核心

品牌要想在海外市场获得成功，关键在于极度满足特定的条件。而其中最为核心的一点，便是精准地找到目标市场的真实需求。此外，价格合理也是至关重要的因素，只有具备合理的价格，品牌才有机会打开海外市场。

6.1.1　极度满足的条件，是找到需求

产品作为品牌的核心载体，其能否精准地满足目标市场的需求，已然成为决定品牌市场地位的重要因素。科沃斯，这家在出海征途上屡获佳绩的企业，无疑为品牌走向国际市场树立了鲜活的典范。

科沃斯作为一家在智能清洁领域崭露头角的企业，在品牌出海的过程中深刻认识到满足消费者需求的重要性。在进入海外市场之前，科沃斯进行了深入的市场调研，了解到不同国家和地区的消费者对清洁产品有着不同的期望和需求。

在欧美市场，消费者对清洁机器人的智能化水平和清洁效能持有

高期待：希望机器人能够自主设计并执行清洁路径，灵活避开障碍物，同时有效清除各类污渍与尘埃。为了满足这一市场需求，科沃斯在研发方面倾注了大量资源，致力于持续升级产品的智能导航与清洁技术。

科沃斯精心研发了具备强大吸力以及多功能刷头的扫地机器人。例如，鉴于欧美家庭常见的厚地毯清理难题，其产品特地配置了专门的强劲动力模式；鉴于宠物毛发容易缠绕的状况，精心设计了防缠绕的刷头以及高效的过滤系统。

与此同时，科沃斯还尤为注重产品的智能化，开发出能够通过手机App 实现远程控制、智能规划清洁路线以及与智能家居系统相互连接的功能，充分满足了消费者对便捷和高效的追求。

而在亚洲市场，尤其是一些居住空间相对较小的地区，消费者更关注产品的体积和灵活性。科沃斯则推出了更加紧凑、轻便的清洁机器人，方便在狭小空间内自由穿梭，同时保持出色的清洁性能。

科沃斯在品牌出海的过程中，通过精准洞察和满足消费者的需求，不断优化产品和服务，成功地在国际市场中树立了良好的品牌形象，赢得了消费者的认可和大量的市场份额。

6.1.2　价格合理才能打开海外市场

合理的价格策略并非指低价竞争，而是在综合评估多种因素后，找到既能保障利润，又能获得海外消费者认同的均衡点。在定价时，企业应考虑以下几个因素，以确定合理的价格，如图 6.1 所示。

图 6.1　如何确定合理的价格

1. 目标市场经济情况

企业需深入洞察目标市场的消费水平及价格敏感度。因为不同国家和地区的经济发展状况各异，消费者对价格的承受能力也千差万别。

2. 成本控制

从原材料采购、生产制造、物流运输到市场推广的每一个环节，企业都需进行细致的成本核算。在确保产品品质的前提下，企业可以通过优化供应链布局、提升生产效率等手段降低成本，为制定具有市场竞争力的价格奠定坚实基础。

3. 品牌价值

拥有良好口碑与品牌形象的产品，能够支撑起较高的价格。然而，在海外市场，品牌知名度与影响力的构建往往需从零开始。因此，品牌出海初期，企业可适当采取低价策略，吸引消费者尝试，并逐步提升品牌认知度与美誉度。

美的在拓展海外市场的过程中，深刻认识到价格策略的重要性。美的并未盲目追求高价或低价，而是通过详尽的市场调研与精准分析，构建了适应不同市场需求与消费者购买力的价格体系。

在欧美等发达国家市场，面对本土及国际知名品牌的激烈竞争，美的并未退缩。在确保产品品质与技术领先的前提下，美的通过合理控制成本，制定了具有竞争力的价格策略。例如，对于高端智能冰箱产品，美的在确保拥有先进保鲜技术、节能环保功能及时尚外观设计的同时，将价格设定于略低于同类型国际大牌产品的水平，从而吸引了众多追求性价比的消费者。

而在进入东南亚、南亚等市场时，美的则充分考虑到当地消费者购买力相对较弱的特点。美的通过优化生产流程、降低运营成本等方式，推出了一系列性价比高的家电产品。例如，在东南亚市场，美的推出的经济型空调与洗衣机产品，凭借合理的价格与可靠的质量迅速赢得消费者的青睐，成功在当地市场占据了一席之地。

在品牌出海的过程中，合理的产品价格是打开海外市场的一把钥匙。只有充分考虑各种因素，制定出符合市场需求和自身实际情况的价格策略，品牌才能在海外市场的激烈竞争中占据优势。

6.2 根据"双一"原则打造产品

"双一"原则,即"1 厘米宽"和"1 秒感知"。"1 厘米宽",就是要以专注的精神对产品的价值进行深度挖掘,在产品设计和优化过程中,要关注细节,追求极致。"1 秒感知",就是要关注产品的即时反馈,让消费者在第一时间就能感受到产品的价值和优势。

6.2.1 "1 厘米宽":挖掘产品的超级价值

"1 厘米宽"这一表述并非指产品的实际物理尺寸,而是象征在产品定位与价值挖掘上需极度聚焦。在品牌全球化的征途上,面对不同国家与地区的多样化需求、文化鸿沟及激烈的竞争态势,如果企业追求全面覆盖,往往会导致资源分散、特色模糊,最终陷入困境。

反之,如果企业能精准锁定"1 厘米宽"的核心价值领域,并将所有力量与资源汇聚于此,便能开辟出一条独具一格的发展路径。

高梵羽绒服之所以能在众多品牌中崭露头角,核心在于其对产品超级价值的深度挖掘。这种挖掘并非简单地堆砌功能或提升质量,而是深入洞察消费者的核心需求,精确捕捉那"1 厘米宽"的关键痛点,并倾尽全力将其打磨至极致。

保暖是消费者对羽绒服的基本要求。然而,高梵并未止步于此,其仔细研究了不同气候条件下的人们的保暖需求差异,以及人体在不同活动状态下的温度调节需求。通过采用先进的填充材料与独特的缝制工艺,高梵羽绒服在保暖性能上实现了质的飞跃。

除了卓越的保暖性能,高梵还格外注重产品的设计与时尚感。其深知,在当今社会,消费者对服装的期待已超越功能层面,更追求美观与个性化。因此,高梵携手知名设计师团队,将时尚元素巧妙融入羽绒服设计。无论是简洁流畅的线条,还是别具一格的色彩搭配,都展现出高梵羽绒服独特的时尚魅力,让消费者在寒冷的季节也能彰显个性风采。

在品质把控上，高梵更是精益求精。其建立了严格的质量检测体系，对从原材料采购到生产的每一个环节都实施严格的监控与检验，确保每一件高梵羽绒服都达到高品质标准，让消费者购买无忧、使用放心。

挖掘产品的超级价值，聚焦"1 厘米宽"，是企业在国际市场上立足和发展的重要策略。企业应当学会取舍，懂得聚焦。只有将全部的力量集中于那"1 厘米宽"的核心价值领域，品牌才能真正实现蜕变与升华。

6.2.2　"1 秒感知"：即时反馈的力量

产品要想迅速脱颖而出，抓住消费者的心，关键在于具有"1 秒感知"的能力。

石头科技作为一家深耕智能清洁机器人等智能电器研发与生产领域的领先企业，在拓展国际市场的过程中，深刻理解到产品即时反馈对塑造消费者认知及推动品牌成功的重要性。

石头科技聚焦于产品核心技术的创新突破。历经长达 36 个月的潜心研发，石头科技成功推出分子筛低温烘干这一革命性技术，旨在有效解决衣物脱水、变形、磨损等长期困扰消费者的洗烘难题。分子筛洗烘一体机 H1 产品便搭载了此项创新技术，使得消费者在使用产品的第一时间，便能直观感受到其相较于传统产品的显著优势。

为了加速产品价值传递与感知，石头科技在营销布局上不遗余力。通过多元化的渠道策略，包括线上精准推广与线下直观展示等，石头科技致力于向广大消费者清晰传达产品的独特卖点与卓越性能。具体而言，通过视频演示、产品对比等生动的形式，直观展现产品如何精准对接消费者需求，实现更优质的使用体验。

同时，石头科技高度重视消费者的即时反馈。在海外市场，石头科技广泛收集消费者的评价、意见与建议，依托电商平台、社交媒体等多元化渠道，确保第一时间捕捉并响应消费者的声音。这些宝贵的即时反馈，为石头科技提供了持续优化与升级产品的坚实依据。

面对消费者的反馈，石头科技的研发团队展现出高度的敏捷性与响应能力。无论是针对产品功能的疑问还是改进建议，团队均能迅速响应并进行有针对性的优化，从而不断提升产品的整体性能与用户体验。

此外，石头科技还擅长运用反馈数据来指导产品的未来研发方向与市场策略制定。通过深入洞察消费者对产品特定方面的需求与期望，石头科技能够更加精准地定位新产品或功能的开发方向，确保产品始终紧贴市场需求，引领行业潮流。

企业要致力于打造具有独特价值和优势的产品，确保消费者在第一时间就能感受到其带来的便利和好处。同时，企业还要通过有效的信息传递、用户教育以及积极收集反馈并持续改进，不断提升产品性能和用户体验，以实现出海目标。

6.3　战略产品：拉动 60% 以上的业绩

战略产品能够拉动 60% 以上的业绩，但打造战略产品并非易事。具体来说，满足以下三个标准的产品才能被称为战略产品：首先是战略贯穿力，即产品从规划到执行始终与整体战略紧密相连，方向明确；其次是场景匹配力，即产品能精准适应各种应用场景，满足不同需求；最后是落地协同力，即各环节紧密配合，保障产品顺利落地，实现高效转化，业绩大幅提升。

6.3.1　标准一：战略贯穿力

战略产品需兼具深度与广度，即在所有层面均能深刻体现战略的深远意义并实现广泛覆盖，以在竞争激烈的市场环境中稳固并提升优势地位。在品牌国际化进程中，市场环境、消费者需求以及竞争对手等关键因素均展现出高度的多变性和复杂性。战略产品凭借其精准的市场定位与清晰的战略规划，能够为企业提供明确的发展路径，在纷繁复杂的市场环境中为企业指引方向，照亮前行的道路。

战略贯穿力指的是战略产品从研发、生产、营销直至售后服务的整个生命周期内，均紧密围绕企业的核心战略目标进行布局与实施。以华为为例，其在进军海外市场时，将 5G 技术确立为战略核心，其 5G 相关产品自研发之初便致力于追求全球领先的通信性能。

在生产阶段，华为严格把控产品质量，确保产品符合国际高标准；在营销过程中，则重点突出 5G 技术的高速传输、低延迟等核心优势，以精准满足用户对高效通信的迫切需求。这种贯穿始终的战略执行力，为华为 5G 产品在全球市场的巨大成功奠定了坚实的基础。

具备战略贯穿力的战略产品，在品牌国际化进程中发挥着关键作用，如图 6.2 所示。

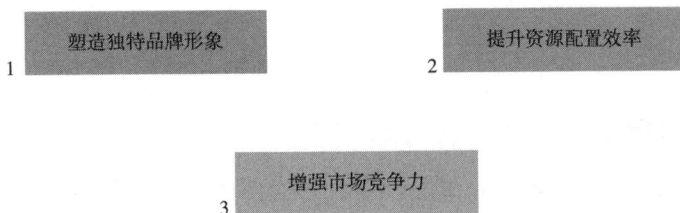

图 6.2　具备战略贯穿力的战略产品的作用

1. 塑造独特品牌形象

当一款产品在其全生命周期中均能体现一致的战略定位与价值主张时，将给消费者留下深刻而鲜明的印象，进而提升品牌的识别度与美誉度。

2. 提升资源配置效率

战略产品的目标清晰明确，因此企业能够更有效地集中优势资源于关键环节，避免资源分散与浪费，从而提高整体运营效率。

3. 增强市场竞争力

在国际市场中，消费者需求多样且偏好各异，竞争对手也各具特色。战略产品通过持续传递其独特的价值主张与竞争优势，能够在众多产品中脱颖而出，吸引消费者的关注与选择，从而巩固并扩大市场份额。

综上所述，拥有战略贯穿力的战略产品是企业不可或缺的强大"武器"。它不仅能够帮助企业在市场竞争中占据有利地位，更能为实现企业的长远发展目标提供坚实的支撑与保障。

6.3.2 标准二：场景匹配力

战略产品绝非仅具有出色的质量或独特的功能，更需要具备场景匹配力，以与目标市场的具体场景高度契合。要想使战略产品具备场景匹配力，企业就需要综合考虑多种因素，如图 6.3 所示。

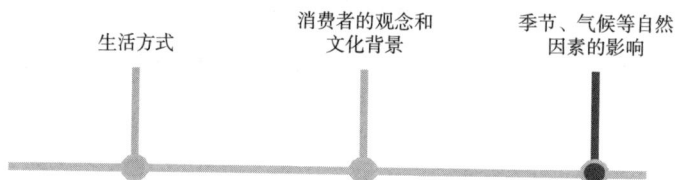

图 6.3 打造场景匹配力需要考虑的因素

1. 生活方式

要想具备场景匹配力，战略产品就不能仅满足消费者的基本需求。企业应深入洞察目标市场中消费者的生活方式、使用习惯及潜在需求，进而提供贴合的产品解决方案。

例如，家庭布局和居住环境存在显著的地域差异。在紧凑的居住空间里，小巧且功能集成的产品往往更受追捧；相反，在宽敞的房屋中，大型、高性能的产品则更受欢迎。如果品牌出海时忽视场景差异，产品可能在市场上遭到冷遇。

2. 消费者的观念和文化背景

在环保意识很强的国家，产品的可持续性和环保性能成为消费者关注的焦点；而在具有特定宗教信仰或文化传统的地区，产品的设计和功能则需严格遵守相关规范。只有深刻理解并适应这些差异，产品才能真正融入当地市场。

3. 季节、气候等自然因素的影响

例如，在炎热潮湿的地区，空调产品需要具备更强的除湿功能；而在寒冷的地区，保暖类产品则需要具备出色的保温性能。

战略产品只有充分考虑到这些因素，才能满足消费者在特定场景下的实际需求。为了打造具备场景匹配力的战略产品，企业需深入开展市场调

研。这不仅包括洞悉当地消费者的喜好、痛点及购买能力，还需密切关注社会、经济和技术发展的动态，以预判市场变化和需求演变。同时，企业应构建灵活的产品研发和生产体系，确保能根据市场反馈迅速调整产品设计和功能，使产品始终与当地场景高度契合。

6.3.3　标准三：落地协同力

落地协同力，简而言之，就是将产品战略从蓝图至实践的每个步骤进行无缝衔接，确保各部门、各环节能够紧密配合，高效执行，共同达成既定目标。对于出海的战略产品而言，这一能力的塑造尤为关键。

落地协同力体现在多个维度，如图 6.4 所示。

图 6.4　落地协同力的体现

1. 跨部门的无缝协作

研发、生产、市场、销售、售后等部门需紧密联动，围绕战略产品的核心目标形成强大合力。研发部门需敏锐捕捉市场需求，进行创新设计；生产部门则需严把质量关，确保产品按时交付；市场部门则需精准定位目标客群，策划高效营销策略；销售部门则需积极拓展市场和销售渠道，让产品触达更多消费者；售后部门则需迅速响应客户需求，优化服务体验，提升客户满意度。

2. 与外部合作伙伴协同

在出海的过程中，品牌与当地经销商、供应商、物流企业的紧密合作是确保产品顺利进入市场、高效触达消费者的关键。各方需协同一致，共同制订市场推广计划，根据当地市场特点进行定制化营销；同时，优化供应链，降低运输成本，提升配送效率，以提供更加优质的服务。

3. 文化融合

战略产品落地，需充分考虑当地文化特色，对产品包装、宣传口号、品牌形象等进行本土化调整，以更好地契合当地消费者的审美和价值观。同时，在与当地合作伙伴和员工的合作中，也需尊重文化差异，建立有效的沟通机制，促进文化融合与理解。

为提升战略产品的落地协同力，企业应构建高效的沟通机制和协调平台，并通过定期会议、项目管理工具、共享数据库等，确保信息的及时传递与共享。同时，企业应明确各部门和合作伙伴的职责与权限，制定科学合理的绩效考核体系，以激励各方积极协同。

战略产品成功落地离不开强大协同力的支撑。只有实现跨部门无缝协作、与外部合作伙伴协同以及文化融合，战略产品才能在海外市场中顺利落地。

6.4 颜值原则：出海产品要"漂亮"

颜值原则已经成为出海产品应遵守的重要准则。产品的颜值体现在外观设计上，深刻影响着品牌形象、品牌溢价。颜值高的产品，能够给消费者留下深刻的印象，从而激发他们的购买欲望。

6.4.1 新时代，颜值即品牌溢价

颜值这一词汇早已超越了产品外观设计的范畴，它化作了一种触动心灵、传递品牌深层价值的力量。当某款产品以令人叹为观止的外观设计惊艳亮相，它便能在琳琅满目的产品中独树一帜，牢牢吸引消费者的视线。

玖姿在纽约时装周上隆重推出的"繁花"系列服饰，具有很高的品牌溢价。作为 2024 年秋冬纽约时装周主秀场上唯一的中国品牌，玖姿携手创意总监、著名设计师王陶，共同呈现了一场以"繁花"为主题的视觉盛宴，赢得了国际时尚界的广泛赞誉。

"令人惊艳的色彩搭配""独特而唯美的花形图案""精致入微的单品

细节"，成为这场大秀中被频繁提及的关键词。设计师王陶从经典剧集《清平乐》中汲取灵感，巧妙地将宋朝鼎盛时期的衣着与器物色彩融到现代设计之中，实现了古典与现代的完美碰撞。色彩的丰富多样不仅赋予了产品浓郁的中国古典韵味，更融入了摩登的现代都市风情。

在面料与工艺上，这场大秀展现了非凡的创意与匠心。意大利西装呢料与芍药绣花、钻饰的巧妙结合，毛衣上点缀的芍药珠花，以及改良旗袍礼服上的华丽芍药重工刺绣，种种工艺与技法的精妙运用，让人仿佛置身于《春江花月夜》所描绘的唯美意境之中，感受着"江流宛转绕芳甸，月照花林皆似霰"的诗意与浪漫。

玖姿的"繁花"系列服饰，凭借精妙绝伦的设计与独树一帜的风格，成功在国际舞台上提升了品牌的知名度与美誉度。消费者之所以倾心于这一系列，并非仅因其卓越的产品质量与实用功能，更深层次的原因在于它的文化底蕴与艺术魅力。这种独特的品牌溢价，不仅为玖姿在海外市场争取到更为广阔的利润空间，更极大地增强了其品牌在全球范围内的竞争力。

品牌出海时，产品颜值所带来的品牌溢价效应越发显著。有吸引力的外观设计不仅能够让产品在众多产品中脱颖而出，更能激发消费者的购买欲望与支付意愿。因为对消费者而言，他们购买的不仅是产品本身，更是由外观设计所带来的审美享受与情感共鸣。

6.4.2　产品应该有视觉锤

视觉锤作为一种强有力的品牌传播手段，凭借其独特、鲜明且易于铭记的视觉元素，在消费者心中留下深刻的印记。以我国知名品牌小米为例，其在国际化进程中，巧妙地运用了视觉锤策略。

小米手机以其简约而富有科技感的外观设计，特别是那标志性的"MI"标识，构建了品牌的独特视觉符号。这种设计不仅使小米在众多手机品牌中脱颖而出，易于被消费者辨识，还巧妙传达了品牌的创新与时尚理念。

华为则是另一例证，其 Mate 系列与 P 系列手机在全球市场大放异彩。

这些手机不仅功能卓越，外观设计同样别具一格，尤其是独特的圆形摄像头模组设计，既满足了消费者对高质量拍照的需求，又成为产品的视觉亮点。这些独特的视觉元素助力华为在国际舞台上树立了高端、科技感的品牌形象。

再看家电领域的佼佼者海尔，其产品设计秉承简洁大气的风格，同时融入独特的品牌标识与色彩搭配，在海外市场同样引人注目，极大地提升了品牌的辨识度。

这些品牌的成功实践充分证明了视觉锤在品牌国际化进程中的关键作用。它助力品牌在消费者心中构建独特的认知体系，与竞争对手形成鲜明区隔，进而提升品牌的整体竞争力。通过精心策划与不断强化视觉元素，品牌能够在消费者心中刻下难以磨灭的印记，推动品牌认知度、美誉度及忠诚度的全面提升。

6.4.3 名爵汽车如何成为海外销量冠军

名爵（MG）汽车是一个拥有悠久历史且具有纯正英伦血统的品牌，自1924年于英国牛津诞生起，至今已历经百年沧桑。尽管当下其已归属于中国上汽集团，但其传承的英伦风情在车型外观方面依然有着淋漓尽致的体现。

以名爵MG4 EV为例，其外观设计巧妙融合了时尚与动感元素，车身线条流畅自然，比例协调，既彰显了电动车的科技魅力，又保留了经典的美学韵味。前脸设计独具匠心，与犀利大灯相互辉映，赋予车辆极高的辨识度。整车造型精巧且充满活力，精准契合了现代消费者的审美偏好。

在外观设计上，名爵汽车对细节的把控尤为严苛。从车身流畅的线条到轮毂、格栅等细微之处的精雕细琢，无不体现了品牌精湛的工艺与独特的魅力。部分车型更是以独特的轮毂造型强化了运动感，为整体外观增添了别样的风采。

在坚守英伦风格的同时，名爵汽车积极融入现代元素，以满足全球不同市场的多样化需求。传统与现代的完美融合，使名爵汽车既承载了历史的深厚底蕴，又不失时尚与潮流气息。

　　名爵汽车在海外市场的成功，还得益于其精准的品牌战略。作为在欧洲享有盛誉的品牌，上汽集团充分利用 MG 的品牌优势，维持了名爵汽车在海外消费者心中的高认知度与认同感。同时，名爵汽车积极布局海外市场，已在欧洲开设了超过 790 家门店，为消费者提供了便捷、优质的购买与服务体验。此外，名爵汽车还在海外建设了整车工厂，以更好地满足本地市场需求。

　　在性价比方面，名爵汽车同样表现出色。以 MG4 EV 为例，其在欧洲市场的价格具有较强的竞争力，为消费者提供了高价值的购车体验。

　　综上所述，名爵汽车之所以能够在海外市场崭露头角，成为销量冠军，得益于其别具一格的英伦风格、精美的外观设计以及传统与现代的融合。其他品牌可以借鉴名爵汽车的成功出海经验，在海外市场打造独特优势，赢得消费者的青睐，实现市场拓展和盈利增长。

第7章

渠道布局：安全出海必须有"船"

如今，出海已成为众多企业寻求更广阔发展空间的必然选择。然而，出海之路并非一帆风顺，充满了各种挑战与风险。要想成功出海，企业就要有"船"，即精心规划的渠道布局。合理的渠道布局，犹如船只的坚固骨架，为企业在海外市场获得成功提供坚实的支撑。

7.1 线上渠道

我国企业出海，大多采用实物商品贸易的形式。但由于线下市场的进入壁垒相对较高，我国企业通常先以线上渠道为跳板，稳健地迈出第一步。

7.1.1 综合性电商平台

对于想出海的企业而言，入驻电商平台无疑是进入国际市场的一条捷径。作为全球规模最大、覆盖范围最广的综合性电商平台之一，亚马逊凭借其"全球开店"策略，成为我国企业出海的优选平台。

曾经，亚马逊尝试以收购卓越网的方式进军我国市场，虽因竞争激烈最终未能如预期，但其全球布局的强大实力依然令人瞩目。亚马逊平台拥有庞大的活跃用户群体和高额访问量，我国卖家在其中占据了举足轻重的地位，约占第三方顶级卖家的50%。

然而，相关业务飞速发展，平台收取的费用也逐渐上升，包括保证金、月服务费、销售佣金等，使得入驻门槛和运营成本不断增加。更为关键的是，平台内的流量竞争也越发激烈，流量成本持续走高，给卖家带来了不小的压力。

随着电商平台市场规模的变化，"跨境电商四小龙"——全球速卖通、SHEIN、Temu（拼多多跨境电商平台）、TikTok Shop 以惊人的速度崛起。

全球速卖通凭借其强大的国际化战略，已经覆盖全球 200 多个国家，并在众多地区跻身主流电商平台之列。SHEIN 则通过平台化转型及"500城产业带计划"，打造了柔性供应链和一站式出海赋能服务体系，带动更多产业出海并提升品牌力和新质生产力。

Temu 作为行业新星，凭借全托管模式引领市场热潮，迅速进驻全球60 多个国家，平台下载量长期居于高位。尽管 TikTok Shop 在当前覆盖的国家很少，但其直播电商模式创造了惊人的商品交易总额（gross merchandise volume，GMV），市场规模持续扩大。

尽管行业巨头目前仍被视为较易盈利的电商平台，但卖家正面临品类流量被"跨境电商四小龙"分流的严峻挑战。"跨境电商四小龙"发展势头迅猛，但它们对工厂生产及配送时效性的高要求，也给卖家带来了盈利的难题。

除了面向消费者的电商平台外，B2B 电商平台同样具有不可忽视的价值。阿里巴巴国际站作为全球领先的 B2B 跨境电商平台，在全球市场上占据了很大份额。与此同时，越来越多的"厂二代"借助 TikTok 等社交媒体平台，以全新的方式推动品牌出海，取得了显著的成效。

"跨境电商四小龙"的强劲发展势头不容忽视，它们未来的市场规模和渠道布局，都将成为出海企业必须认真考量的重要因素。

7.1.2　垂直和区域电商平台

在综合类电商平台之外，众多垂直领域的电商平台也具有强大影响力，为特定行业企业出海提供助力。例如，Etsy 以原创性、个性化手工艺品为主要特色，Net－a－Porter（颇特女士）专注于奢侈品和时尚用品，Williams－Sonoma（廉姆斯－索诺玛）主营厨具和家居用品，Wayfair（维费尔）是美国最大的家居电商平台，Newegg（新蛋）是美国最大的数码产品电商平台，ManoMano（马诺－马诺）是欧洲最大的园艺家装电商平台，Vinted（温蒂德）是欧洲最大的二手交易平台。

除了全球性平台，不同国家和地区的本地热门平台同样值得企业关注。在东南亚，Shopee、Lazada（来赞达）和 Tokopedia（托克佩迪亚）颇受欢迎；在拉美，Mercado Libre（美卡多）和 Americanas（阿梅里卡纳斯）占据很大市场；日本有 Rakuten（乐天）；新加坡有 Qoo10（易天趣）；韩国有 Coupang（酷澎）和 Gmarket（吉买盛）等。总之，出海企业不应将目光局限于国际巨头，而是要广泛探索多元化的线上渠道。

此外，众筹平台虽不等同于电商平台，但也能为出海企业提供助力。Indiegogo 是全球范围内的科创新品首发和众筹平台，也是我国科创企业构建全球出海品牌的第一站。据 Indiegogo（因迪戈戈）发布的统计数据，2022 年，该平台排名前十的品牌中，有多达七个品牌源自中国。

2023 年 2 月，储能品牌 Bluetti（铂陆帝）在 Indiegogo 上线的家用储能电源，众筹总额高达 1 219 万美元，创下我国团队在世界范围内的最佳众筹成绩。众筹平台的活跃用户多来自欧美发达国家，他们收入较高，愿意为创新和优质体验买单。这些种子用户更注重与品牌的交互，不仅能够助力品牌筹集资金，还能帮助企业在前期获取宝贵的用户反馈，积累品牌声量。

出海企业在选择线上渠道时，应充分了解各类平台的特点和优势，结合自身产品特性进行精准布局，以成功开拓海外市场。

7.2　线下渠道

通常情况下，无论是选择经销商渠道、进入连锁商超，还是自主打造品牌门店，线下渠道的准入标准以及对企业现金流管理能力的要求都比较高。鉴于此，企业应当结合自身的核心目标及当前的发展阶段更为审慎地评估各种渠道的优劣，进而合理选择。

7.2.1　商超和便利店

不同国家和地区都有综合类或垂直类连锁商超和便利店，这些商业实体构成了当地零售市场的重要组成部分。企业在决定出海之前，应进行深入的市场调研，明确与自身品牌定位相匹配且具有影响力的当地商超和便利店，并详细了解入驻的具体要求。

以美国为例，想要进入美国市场的企业，可以参考美国零售联合会权威发布的"2023 年美国零售商百强榜"。这份榜单涵盖了塔吉特、开市客等知名商超品牌，展示了美国零售业态的多元化，企业可以从中深入挖掘合作伙伴。

相较于美国，欧洲的渠道体系则呈现出分散的特点。在全欧洲范围内，家乐福等大型连锁商超享有较高的知名度。然而，各国也孕育了自己的本土品牌，例如，法国的 E. Leclerc（勒克莱尔）和 Express U（优速），它们在法国零售市场中占据举足轻重的地位；德国的奥乐齐和麦德龙，则以其在食品零售领域的专业与品质赢得了消费者的信赖；而瑞士的 COOP（酷普）和 MIGROS（米格罗），则以独特的经营模式和优质的服务成为瑞士零售业的标志性品牌。

除了大型商超，企业也需要重视便利店业态。除了 7-11、全家等常见品牌，亚非拉发展中国家也有不少有实力的便利店，如印尼的 Alfamart（阿尔法特）、越南的 Vinmart（温玛特）、墨西哥的 OXXO（欧克索）等。

进入线下商超、便利店的门槛高于进入电商平台的门槛。商超采购人员会从产品质量与包装、市场潜力、供货价格、生产与物流能力、供应链、其他渠道表现、资质和专利等多个维度进行综合考量，通常需进行多轮谈判。许多企业为了提高谈判成功率，会聘请当地人作为谈判代表。

想要成功进驻商超或便利店，企业也可以另辟蹊径。例如，追觅在北美先入驻沃尔玛线上平台，取得良好市场表现后，再与线下渠道商谈判，这样更具说服力；格力博通过收购欧洲本地百年品牌 Cramer（克莱默）来拓展欧洲线下渠道。

7.2.2　自营品牌门店或体验店

在全球化竞争日益激烈的今天，那些既重视品牌塑造又拥有雄厚资金实力的企业，往往倾向于将触角延伸至海外，通过开设品牌门店或体验店的方式，精准地把握消费者的需求，进而树立独特的品牌形象。

以高端电动摩托车领域的后起之秀达芬骑为例，该品牌于 2022 年在北美市场精心规划并开设了多家体验店。这些店铺不仅具有展示与销售产品的基本功能，更巧妙地构建了一个机车爱好者交流与互动的专属空间，使得消费者在享受购物乐趣的同时，也能深刻感受到品牌所传递的独特魅力与价值观，从而进一步加深了消费者对品牌的认知与忠诚。

在零售领域，名创优品凭借其前瞻性的战略眼光，在 2023 年 5 月于纽约时代广场开设了首家全球旗舰店。这一举措不仅凸显了名创优品与传统美国折扣百货店之间的显著差异和独特定位，而且向世界展示了其作为新零售领军品牌的强大实力和无限潜力。

然而，开设自营门店的道路并非一帆风顺，其中店员管理便是一个不容忽视的难题。为了确保门店顺利运营、塑造良好的品牌形象，企业应在前期就做好充分的准备工作，深入了解并严格遵守目标市场的法律法规，同时充分尊重当地的文化习俗。

低价有时不是一个有利的标签，国内丰富的应用场景积累、实现产品标准化更重要。即便产品出色，与代理商的合作也很难一蹴而就，我国品牌在海外部分地区认知度低，建立信任需要时间和高频交互，同时应投入大量资源用于品牌建设，向代理商展示技术和产品实力、标杆案例及社会责任感等。

7.2.3 奇瑞汽车：在海外市场取得辉煌成就

奇瑞汽车是我国汽车行业中的一家知名企业，是我国第一个将整车、用于全散件组装（completely knock down，CKD）的散件、发动机以及整车制造技术和装备成功出口至海外的汽车制造商。奇瑞汽车在海外市场取得惊人成绩的原因主要有几点，如图 7.1 所示。

1. 以产品质量为本

奇瑞汽车注重技术创新与管理优化，精准对接市场需求。2022 年，奇瑞汽车成为我国首家通过 ISO/TS16949 认证的企业，在行业内占据领先地位。奇瑞汽车每年进行几百次碰撞测试，严格把控产品质量。此外，它还积极拥抱国际标准，获得多项国际权威标准认证，展现卓越能力；建立"全球质量管理体系"，实现跨部门、跨地区协同，提供高质量产品。

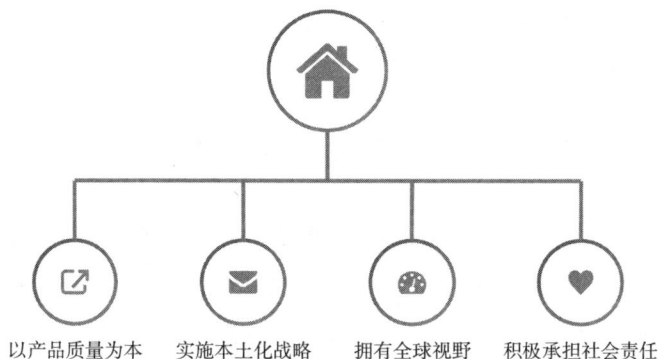

图 7.1　奇瑞汽车在海外市场取得惊人成绩的原因

以产品质量为本　实施本土化战略　拥有全球视野　积极承担社会责任

在多种措施的赋能下，奇瑞汽车的产品质量在海外市场受到广泛认可，奇瑞汽车因此收获了良好口碑。以俄罗斯市场为例，老客户换购新车比例高，购买新车的人中约有 20％来自朋友推荐，这证明了奇瑞汽车的影响力和市场号召力。

2. 实施本土化战略

奇瑞汽车调整产品规划以适应海外市场。进入海外市场前，奇瑞汽车调研当地消费者需求、消费习惯、文化等，调整设计、配置、定价及营销。奇瑞汽车还利用全球基地和研发中心实现本地化生产研发，降低成本，提升效率。

本土化战略使得奇瑞汽车能够灵活应对市场变化，提供能够满足市场需求的产品。例如，在中东地区，奇瑞汽车主打燃油车型，在欧洲地区主打新能源车型。针对不同的市场，奇瑞汽车进行精准定位，因此能够赢得消费者喜爱。

3. 拥有全球视野

奇瑞汽车与国际知名企业合作，引进先进技术和理念，确保产品品质高、性能强，在设计、工艺、制造、材料等方面领先。例如，奇瑞汽车采用智能座舱系统和智能驾驶技术，提升用户体验和安全感。

在新能源领域，奇瑞汽车推出电混系统"鲲鹏超性能电混 C - DM"，实现燃油车和电动车无缝切换。2023 年，奇瑞汽车推出全球首款智能互联新能源车型捷途 X70S，继承了语音控制、远程控制、人脸识别等多项功能，为用户提供智能化、个性化的服务。

4. 积极承担社会责任

奇瑞汽车在致力于推动自身发展的同时，也关注社会发展，通过积极参与社会公益活动，切实为当地经济、环境、教育、文化等方面的发展贡献力量。例如，奇瑞汽车在埃及慷慨捐赠了超过 1 000 辆救护车，极大地增强了当地的医疗救援能力，为民众健康提供了坚实保障；在智利，奇瑞汽车则捐赠了 100 多辆电动车，以实际行动助力当地环保事业发展；在乌克兰，奇瑞汽车捐赠了 100 多万美元，为当地教育事业的发展提供资金支持，助力当地培养更多优秀人才。

此外，奇瑞汽车还在很多国家建设生产基地，为当地创造了大量的就业机会，提升了当地居民的生活水平，推动当地工业现代化进程。奇瑞汽车积极承担社会责任的行为，赢得了当地消费者的信任和尊重，提升了在海外市场的知名度，助力其在海外占据更大市场份额。

7.3　新渠道：独立站

独立站是企业拥有独立的域名、空间、页面的网站，它不依赖于第三方电商平台。它就像品牌在互联网世界中建立的专属领地，企业可以根据自身品牌风格和目标客户的喜好，自由地设计网站架构、展示产品，能够完全自主地进行运营、营销与数据管理。

7.3.1　思考：你适合独立站模式吗

企业在拓展国际市场时，选择合适的渠道和模式至关重要。独立站模式作为众多选项之一，引起了企业的广泛关注。我国很多企业选择独立站模式作为出海的主要途径，主要基于以下几个原因，如图 7.2 所示。

1. 提高品牌知名度

在海外市场，品牌知名度至关重要。通过搭建独立站，企业能够全面展示其品牌形象、产品线、服务内容以及品牌使命，深入了解市场需求与趋势，从而显著提升品牌知名度。

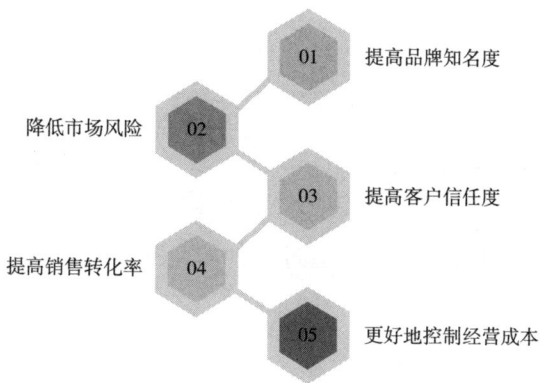

图 7.2　我国企业出海选择独立站模式的主要原因

2. 降低市场风险

依赖第三方平台销售产品可能会受到政策调整或平台收费变动的影响。独立站能够减少这些不确定因素带来的风险，降低市场风险。

3. 提高客户信任度

在一些海外市场，我国品牌面临信任问题。企业可以通过独立站提供更多产品信息，提供更好的购买体验，积累好评，建立良好品牌形象，从而提高客户对品牌的信任度。

4. 提高销售转化率

独立站能让企业更好地掌握消费者购买偏好和行为特点，推出更符合消费者需求的产品和服务，并根据销售数据进行定制化营销，提高销售转化率，而这在第三方平台上会受到限制。

5. 更好地控制经营成本

在第三方平台上销售产品通常需要支付佣金，企业经营成本较高。独立站则能助力企业优化运营和供应链，减少中间环节，更好地控制成本，从而在全球市场中更具竞争力。

然而，独立站模式也存在一些挑战和限制。技术和运营成本是重要的考量因素。搭建和维护一个功能完善、用户体验良好的独立站，企业需要投入大量的资金和技术资源，网站开发、服务器维护、安全防护等方面都需要专业的技术支持。

流量获取也是一大难题。相较于成熟的电商平台,独立站在初始阶段往往缺乏自然流量,需要企业通过各种营销手段来吸引用户访问,如搜索引擎优化、社交媒体营销、广告投放等。而这需要企业具备相应的专业知识和经验。

独立站赢得消费者的信任相对较难,需要耗费一定的时间。在缺乏知名平台背书的情况下,企业需要通过多种方式来证明自身的信誉和产品质量,以消除消费者的疑虑。

综合来看,品牌出海是否适合采用独立站模式并没有一个绝对的答案,需要企业根据自身情况和战略目标来权衡。

如果企业拥有强大的品牌实力、丰富的营销经验和充足的资源,并且致力于长期的品牌建设和客户关系维护,那么独立站模式可能是一个能够带来巨大回报的选择。但如果企业在资源和经验方面相对有限,或者更注重短期的销售成果和快速进入市场,那么成熟的电商平台可能是更为稳妥的选择。

总之,企业在决策时,应充分评估自身的优势和劣势,结合目标市场的特点和竞争环境,谨慎决定是否采用独立站模式。

7.3.2 如何搭建独立站

随着独立站成为品牌拓展海外市场不可或缺的渠道和决定性因素,企业一旦确认自身适合采用独立站模式,就要迅速采取行动。然而,许多企业有顾虑,认为依赖平台销售产品更为稳妥,因为平台自带流量,它们只需专注于店铺的运营。相比之下,搭建独立站则意味着企业需要自行吸引流量。

其实这种顾虑是多余的,因为有了独立站,企业可以通过投放广告来获取流量。而且独立站的优势就在于,企业可以自由购买尽可能多的流量。在偌大的互联网世界中,流量来源非常丰富。例如,谷歌作为全球搜索引擎巨头,用户量高达 29 亿,更不用说 TikTok、微信、快手等拥有庞大用户基础的社交媒体平台了。

如果企业适合采用独立站模式，就无须顾虑流量问题，可以放心大胆地搭建独立站。企业搭建独立站的具体步骤如图 7.3 所示。

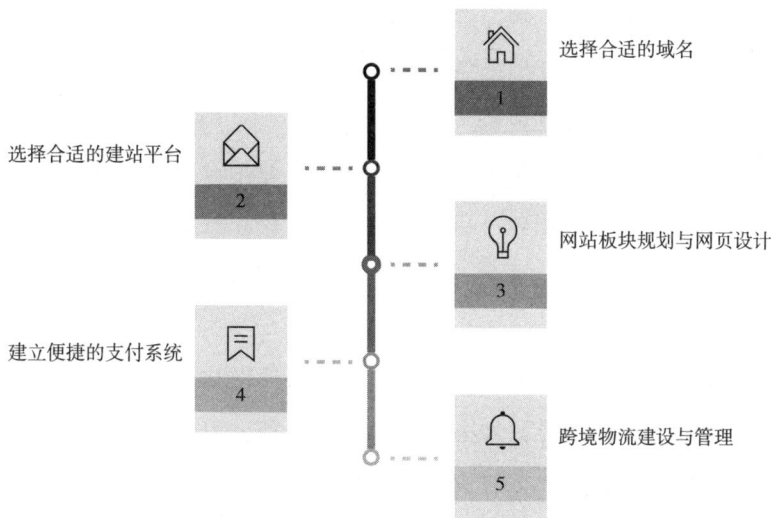

选择合适的域名　1

选择合适的建站平台　2

网站板块规划与网页设计　3

建立便捷的支付系统　4

跨境物流建设与管理　5

图 7.3　搭建独立站的步骤

1. 选择合适的域名

域名通常由两部分构成：一部分为二级域名，一部分为顶级域名。以"www. abcd. com"为例，". abcd"为二级域名，". com"为顶级域名。域名的这两个部分有不同的要求。顶级域名代表不同的类型或国家，如". com"". net"". org"等。二级域名可由卖家自由创建，可以由字母或数字组成，中间不能有空格。

域名要尽量简短，而且最好选择". com"后缀的域名，或者也可以将商品名、品牌名作为域名，更有利于 SEO 优化。另外，选择好合适的域名后，企业要核实这个域名是不是曾经被弃用的域名，同时可以经常更换域名，以提高独立站搜索引擎排名。

2. 选择合适的建站平台

选择好域名后，企业就要寻找合适的建站平台，如 Shopify、GoDaddy、WordPress、Squarespace 等。企业通常可以从建站速度、建站成本、功能定期更新情况、售后服务等方面对建站平台进行评估，以选择最适合自己的建站平台，为后续业务发展打下良好基础。

3. 网站板块规划与网页设计

在网站板块规划方面，企业要关注五个要素：导航栏、网站标志、标题、内容板块、页眉与页脚。其中，网站标志通常设置在网站首页的醒目之处，而标题一般显示在浏览器上方窗口的标题栏中。板块规划完成后要进行网页设计，使网页更美观。

在网页设计方面，企业要重视色彩设计，即色彩要整体、统一，并能与产品和场景很好地搭配在一起。另外，企业要注意不要在网页中填充太多内容，要保证能突出主要的产品卖点，可以展示热门产品、企业优势、服务内容等重要信息。

有些企业会在网页中加入响应式设计，保证网站能应对尺寸不同的移动端，自动匹配不同的屏幕大小，在不同的设备上流畅地显示内容。企业还要注意加入一些细节，如社交平台的链接，E-mail 地址等，让网页更完善，更符合用户的浏览习惯。

4. 建立便捷的支付系统

收付款是企业搭建独立站要重点关注的一个方面。企业选择支付方式，既要结合产品的特点，又要考虑消费者的支付偏好。以下是企业可以选择的几种支付方式，包括 Paypal（开户条件简单，可以在我国的银行轻松提现），WorldFirst（适合交易额度小且受众群体分布广的企业），信用卡（与 Visa 和 MasterCard 等国际信用卡组织合作，或直接对接海外银行）等。企业也可以与第三方支付平台合作，建立便捷、支持多种支付方式的支付系统。

5. 跨境物流建设与管理

独立站的发货模式主要有四种：自发货、无货源（通过供货源即分销平台发货）、海外仓、虚拟仓。企业可以根据自己的实际情况选择合适的发货模式和物流渠道，以提高物流效率。

当下是流量红利时代，企业可以通过广泛的宣传和推广解决独立站的流量问题。搭建独立站已成为企业拓展业务、提升品牌影响力的重要举措，助力企业打开海外市场的"增量"之门，实现快速成长与发展。

7.3.3　SHEIN：独立站出海成功代表

SHEIN 专注于快时尚跨境电商领域，是我国独立站成功出海的典范。SHEIN 的业务范围包括女装、男装、童装、珠宝、化妆品、鞋类等，覆盖超过 150 个国家和地区，特别是在欧美及中东市场占据重要地位。

随着跨境电商行业持续繁荣，SHEIN 以其前瞻性的商业视野和卓越的供应链整合实力，在行业内发挥了显著的引领作用。

2023 年，SHEIN 完成了对全球知名零售巨头 SPARC（斯帕克）集团约 1/3 股权的战略性收购。这一举措使得 SPARC 集团旗下 Forever 21（永远 21 岁）等众多风靡时尚界的品牌以及全球超过 4 200 个实体零售网点被纳入 SHEIN 麾下。此举无疑进一步巩固了 SHEIN 在全球时尚产业链中的核心地位，为其国际化征程注入了强劲的动力。SPARC 集团对此次合作表达了高度的赞赏与期待，他们坚信 SHEIN 独特的按需生产模式、丰富的线上运营经验以及庞大的全球销售网络，将为集团带来前所未有的发展契机与可能性。

SHEIN 之所以能在激烈的市场竞争中脱颖而出，主要归因于其独树一帜的品牌建设策略与高效运转的供应链体系。自成立以来，SHEIN 始终致力于品牌塑造与供应链优化，成功实现了从单一品牌向综合性电商平台的战略转型。同时，SHEIN 积极在全球范围内拓展业务，覆盖超过 150 个国家和地区，显著增强了在国际市场中的影响力与竞争力。

在全球化的浪潮中，SHEIN 深谙产业赋能之道，致力于模式升级与优化。它创造性地推出了"自主运营＋代运营"并行的双轨模式，为不同需求的商家提供了灵活多样的合作方案。

以鞋类品牌 Joey 为例，其采用 SHEIN 的自主运营模式，通过精准的市场定位、灵活的产品策略以及独具匠心的设计理念，在短时间内便实现了商品的迅速上架与销售额的显著提升。而商家 Ben 则选择代运营模式，在 SHEIN 的专业支持与指导下，其得以更加专注于产品开发与生产，经营状况因此得到了显著的改善，品牌也实现了快速发展与扩张。

SHEIN 与 SPARC 集团的战略合作将加速产品创新进程，提升旗下品牌的产品迭代速度和市场竞争力。SHEIN 的小批量、快速反应能力突出，起订量低，能够高效管理碎片化订单，同时确保高标准的品控、质量和生产效率，这是其领先的关键所在。

为了进一步强化竞争优势，SHEIN 进行大规模的投入与技术革新。2023 年上半年，SHEIN 宣布将在接下来的 5 年内投入高达 5 亿元资金，以深化对供应商的赋能。这些资金将主要用于支持精益生产研究、技术与管理培训、设施改造扩建以及社区服务项目，旨在全面提升供应链效率与服务质量。

SHEIN 始终致力于构建产业柔性生产能力的基础框架，其进行品牌塑造以及推动国内外优质产品与品牌实现全球化发展的举措，彰显出其深远的战略愿景与宏大抱负。SHEIN 的国际化发展路径，不仅为我国跨境电商领域树立了标杆，更充分展示了其在创新引领与产业赋能方面的卓越能力与坚实力量。

第 8 章

供应链管理：决胜供应链并不夸张

在海外市场中，供应链的效率直接关系到企业的竞争力和生存能力。出海企业可以从产品流、信息流、资金流三个方面入手进行供应链管理，以提高整体效率和降低成本。

8.1 产品流：安全是第一目标

产品流的顺畅与安全直接关系到市场的稳定与企业的可持续发展。而将"安全"置于产品流的首位，不仅是对消费者权益的庄严承诺，也是企业责任与竞争力的体现。从原材料采购到成品交付的每一个环节，确保产品的安全无虞，不仅能够有效防范质量风险，还能在消费者心中树立坚实的信任基石。

8.1.1 场景痛点：货物难追溯＋上下游难管理

很多企业缺乏一个全面而完善的数字化系统，无法及时追溯货物，这对企业的运作造成障碍，导致企业无法与各个渠道实现即时的数据互通，特别是在与线下传统超市和零售商合作时，货物的进出库管理几乎完全依赖于人工点算和记录。这种落后的管理方式不仅效率低下，而且极易导致货物丢失或遗漏，事后也难以进行准确的追踪和回溯。这使得企业在面对市场波动和需求变化时，往往难以精准预判并提前备货，从而在销售旺季错失宝贵的市场机会。

此外，在供应链上下游协同方面，也存在不容忽视的挑战。从国内到国际的物流链条错综复杂，环节众多，鲜有国际物流服务商能够独立承担并高效整合这一完整流程。这导致上下游服务商的多元化与分散化，使得各个环节之间的衔接与协作变得异常困难。在此背景下，高效协同与统一管理几乎成为一种奢望，而一旦遇到问题，各方往往相互推诿，难以明确责任归属，更无确凿的证据可供参考，这无疑进一步加剧了供应链的脆弱性与不稳定性。

以国内头部消费电子企业 A 企业为例，其生产、销售网络复杂，涉及数十家国内工厂、近 50 个全球销售网点和超过 40 个全球港口口岸。当物流订单量庞大时，依靠传统人力管理几乎无法了解每笔订单货物的准确位置，更难以预测延期风险导致的货架缺货风险。同时，该企业需对接多个线上线下渠道，海外仓库存储数字化管理要求极高，要配合不同渠道需求及时供货并准确预测销量，确保进货量充足。

为解决这些痛点，A 企业通过提升内部数字化管理，并与数字化服务企业深度合作，探索出智能化的出海之路。例如，与运去哪合作后，A 企业可实时掌握货物流转进程，运去哪还提供了全采购和非全采购两种智能管理模式，实现了货物全链路追溯和上下游协同，大大提高了物流管理效率。2024 年上半年，A 企业将北美地区商品迁入运去哪智能前置仓后，可在线查看货物具体位置、库存实时变化等，还能按周生成周报以智能分析成本有效性并提供优化建议，降低前置仓及尾程成本。

8.1.2　仓储模式：双边入仓、海外仓

双边入仓，在电商和物流领域，特别是在亚马逊等跨境电商平台上，是一个重要的概念。它主要指的是卖家将商品同时入仓至两个或多个国家/地区的运营中心，以实现更广泛的销售覆盖和更高效的物流配送。双边入仓模式的优势在于能够快速将商品销往多个地区，覆盖范围广。

下面以亚马逊为例进行讲述。卖家借助双边入仓模式把商品同时存入英国以及欧盟的任意一个国家（如德国），随后在这两个地区同步推出亚马逊标准识别号（amazon standard identification number，ASIN）。

这一策略让卖家能够在英国与欧盟的双边市场上，充分利用当地亚马

逊物流（fulfillment by amazon，FBA）的优势，进行无缝的仓储与配送服务，从而实现对整个欧洲市场的覆盖。

为了实现这一策略，卖家首先需要完成一项关键步骤——在英国及欧盟选定国家注册增值税（value－added tax，VAT）税号。这不仅是合规经营的基本要求，也是确保商品能够在这些市场顺利流通的必要条件。紧接着，卖家需确保所有 ASIN 在英国站点与欧盟站点保持同步状态，这是确保商品信息一致、减少运营误差的关键。

在完成上述准备工作后，卖家即可利用跨境物流的便捷服务，将商品安全、高效地运送至 FBA 仓库。选择合适的跨境物流提供商至关重要，因为它直接影响到商品入库的速度与成本。因此，卖家需要仔细比较不同跨境物流提供商的服务质量、价格及运输时效等因素，以选择最契合自身需求的物流方案。

通过实施双边入仓策略，卖家不仅能够显著提升在欧洲市场的竞争力与响应速度，还能有效降低运营成本与风险。同时，这一策略也为卖家在欧洲市场的长期发展奠定了坚实基础。

海外仓作为一种创新的物流解决方案，旨在通过在国外设立专门的仓储中心，来有效处理跨境电商的订单履约及物流配送事宜。

海外仓不只是简单的存储空间，更是流通加工、本地配送、售后服务的"多面手"。它有利于提高物流效率，降低物流成本；缩短交货时间，提高产品可靠性和安全性；帮助企业扩大销售范围，提高竞争力；还可以有效管理供应链风险，在复杂的地缘政治环境中维护供应链的稳定性。海外仓主要分为以下几种类型，如图 8.1 所示。

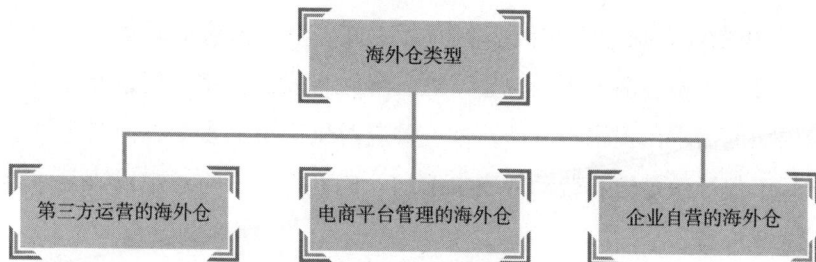

图 8.1 海外仓类型

1. 第三方运营的海外仓

这类海外仓由专业的第三方物流公司运营，能够为企业提供定制化的仓储和物流服务。这种类型的海外仓适合中小企业，它们可以利用第三方的专业服务和规模效应，降低运营成本和风险。

2. 电商平台管理的海外仓

阿里巴巴旗下的菜鸟以及京东物流等电商平台都建设了海外仓。对卖家来说，电商平台管理的海外仓在物流配送、系统对接等方面具有一定的便利性，并且一些平台型海外仓已成为卖家选择电商平台时的重要考量因素。

3. 企业自营的海外仓

大型企业通常会自建海外仓，以便完全控制库存管理和物流流程，能够根据市场需求快速调整库存和发货策略。

目前，海外仓需求持续增长，一些地区的海外仓数量和规模不断扩大。例如，深圳企业建设运营的海外仓数量超 350 个，累计面积超 380 万平方米。我国也诞生了"海外仓第一股"——易达云，其成功在香港上市。

企业选择仓储模式时，需要综合考虑自身的业务规模、市场需求、资金状况、运营能力等因素，以确定最适合自己的出海供应链仓储模式。同时，企业也需要关注不同模式下的风险和挑战，如库存管理风险、资金占用压力、本地化服务能力等，并采取相应的措施加以应对。

8.1.3　警惕库存管理的"牛鞭效应"

"牛鞭效应"描述了在供应链中，零售端微小的需求波动在向制造端传递的过程中被逐渐放大的现象。这会导致批发、分销、制造及原材料供应商层面的需求出现剧烈波动。这一效应对供应链的多个方面产生了深远影响，不仅导致仓储和劳动力成本增加，还使得客户需求难以满足，并造成了资源浪费。

具体而言，库存的过度累积不仅占据了物理存储空间，还导致运营效率低下，增加了不必要的费用支出；而需求的剧烈波动，则迫使企业不得不增派劳动力以应对频繁的订单变动、产品分类与销售调整。更为严重的是，产品供不应求不仅损害了品牌形象与声誉，还可能直接导致客户流失与市场份额缩减。此外，产品过期、市场需求变化等因素可能导致堆积的产品沦为废弃物，进一步加剧了企业的财务负担与资源浪费。

想要控制牛鞭效应，企业可以从以下几个方面入手：

1. 提高信息透明度

想要控制牛鞭效应，首要任务是提升供应商与客户之间的信息透明度，深入挖掘需求波动的根源，避免失控。企业可以使用电子数据交换（electronic data interchange，EDI）系统实现业务流程自动化，简化任务并提高可见性；供应商管理库存（vendor managed inventory，VMI）能让供应商接收实时销售和预测数据，确定有效库存再订购点；物联网可提供实时信息，提高透明度和预测优势；供应商支持门户则促进高效沟通和信息集成。

2. 精准预测与智能管理

企业可以利用先进的智能库存管理软件，对海量数据进行深度挖掘与分析，并将其转化为有价值的业务洞察。这能够帮助企业精准预测市场需求，优化库存水平及运输策略，有效控制运营成本，提升整体盈利能力。

3. 促进合作伙伴间协同

企业应与供应链上下游企业紧密合作，共同应对牛鞭效应的挑战。通过共享采购订单信息、深化战略合作等方式，增强供应链的协同性与灵活性。这有助于企业快速响应市场变化，减少信息不对称带来的负面影响。

4. 缩短交货时间

针对过长的交货时间问题，企业可采取一系列措施加以改善。例如，优先选用本地供应商以缩短物流距离；加大 VMI 投资力度，提高库存周转效率；聘请专业物流经理优化物流网络；重新评估并优化运输方式；以及推进自动化生产，提升生产效率。这些措施将显著提升订单履行能力，减少客户等待时间，提升客户满意度。

5. 稳定价格

频繁的价格波动是加剧牛鞭效应的重要因素之一。企业应审慎评估促销与折扣活动的影响，力求在保持市场竞争力的同时，减少价格波动对需求预测的不利影响。通过更加精准的价格策略，企业可以更好地管理需求波动，降低牛鞭效应的风险。

总之，库存管理对企业获得成功至关重要，通过采取上述措施，企业能够有效控制牛鞭效应，降低运营成本，提高利润。

8.1.4　Temu 出海发展，如何打造供应链

拼多多旗下的 Temu 平台，自 2022 年 9 月在美国市场正式亮相以来，凭借其独特的全托管模式与无与伦比的高性价比商品，迅速在全球市场中崭露头角，实现了跨越式增长。在价格方面，Temu 具有很强的竞争力。Temu 在全品类上均展现出显著的价格优势。而在女装这一细分品类，Temu 与 SHEIN 不相上下，难分伯仲。

全托管模式的核心在于，Temu 平台紧握选品与定价的主动权，通过精细化的成本控制，将商品价格压缩至极致，不仅优化了流量与资源的分配效率，还增强了物流合作伙伴在末端配送环节的议价能力。这一模式还极大地降低了商家的入驻门槛，拓宽了招商渠道，有效引导国内工厂跨越国界，共享全球化的市场机遇与红利。

无论是线上还是线下，Temu 都凭借其"多"（品类多）与"省"（省钱，高性价比）的双重优势脱颖而出。其各个细分品类下的 SKU 数量之多，远超一些竞争对手，同时整体价格依然保持很强的竞争力，为消费者带来了前所未有的购物体验与价值。Temu 以美国市场为起点，凭借"一盘货通全球"的先进模式，迅速扩展其市场版图。在初期，美国市场的月度活跃用户数（monthly active user，MAU）实现了迅猛增长，全球范围内的流量也主要聚焦于美国站点。随后，步入全球化扩张的新阶段，美国以外市场的 MAU 占比逐渐攀升至半数以上，尽管美国市场的 MAU 增速趋于平稳，但全球的 MAU 依然保持强劲的增长势头。截至 2024 年 1 月，Temu 已成功进驻 49 个国家，实现了广泛的地域覆盖。

回望我国跨境电商行业的辉煌历程，20 余年高速增长主要得益于三大核心驱动力的共同作用：一是供应链端的显著优势，为行业提供了坚实的

支撑；二是海外市场需求端的电商渗透率不断提升，为跨境电商开辟了广阔的发展空间；三是国内电商领域积累的成熟运营能力，为跨境电商的快速发展注入了强大的动力。

从产业迭代的视角来看，2022—2023 年，"平台出海"成为行业新趋势。在这一背景下，Temu 采用全托管模式，以高效、便捷的服务赢得了海外市场中消费者的青睐；而 SHEIN 则转型为 pctowap 开发平台（pctowap open platform，POP），进一步强化了其品牌影响力；TikTok 也紧跟潮流，在电商领域进行了新的布局。

在商家选择方面，Temu 主要聚焦于工厂型/工贸一体化商家以及品牌重要客户（key account，KA）商家。工厂型商家凭借其充足的货源和卓越的成本控制能力，成为 Temu 的重要合作伙伴。此外，Temu 也很青睐那些拥有亚马逊、SHEIN 等平台运营经验的商家。对品牌 KA 商家而言，他们在海外市场拥有较高的品牌认知度，能够为 Temu 带来宝贵的流量资源，并显著提升转化率。

与其他跨境电商平台相比，Temu、SHEIN 和 AliExpress（速卖通）在全托管模式的权力分配设置上有所不同。SHEIN 主要采用原始设备制造商（original equipment manufacture，OEM）模式，更偏向包销，货权归属于平台；Temu 偏向以销定采，货权主要归属于商家；AliExpress 沿用阿里集团的 POP 模式，定价和选品权归属于商家。

8.2　信息流：保证及时和精准

在陌生的海外市场环境中，确保信息流的及时性和准确性对企业而言至关重要。这样的信息流能够帮助企业敏锐地捕捉市场动态，深入洞察客户需求的变化趋势，从而为企业抢占市场先机提供有力支持。

8.2.1　需求端与供应端的信息连接

在企业的国际化进程中，供应与需求两端均遭遇了多重挑战与动态变化。从需求视角审视，美国零售市场战略层面的收缩与调整，为我国电商企业开辟了通往国际市场的崭新机遇。例如，亚马逊等电商平台对第三方自营业务的强化，有效提升了我国商家市场准入的便利性，拓宽了其在美业务版图。然而，伴随机遇而来的还有一系列需企业妥善应对的复杂问题，例如，直播电商模式的兴起对企业库存管理提出了更为严苛的要求。

转至供应端，物流环境所经历的变革尤为深刻且广泛。受多种因素交织的影响，物流企业正面临前所未有的挑战，即需以有限的资源高效满足电商行业快速增长的物流需求，力求实现供需两端精准对接与平衡。在空运领域，包裹量的急剧攀升或对直发物流行业的持续发展构成一定制约；而在海运领域，巴拿马运河与苏伊士运河的潜在问题则可能引发海运成本的攀升及航线网络的深度调整。

尽管新造船舶的陆续交付有望为海运市场增添新的运力，但企业仍需保持高度警惕。此外，美国仓库空置率的波动也为仓库租金带来了不确定性，这就要求企业在制订海外仓库扩张计划时务必审慎考量，以规避潜在风险。为了更好地连接需求端与供应端的信息，一些方法可供企业参考，如图8.2所示。

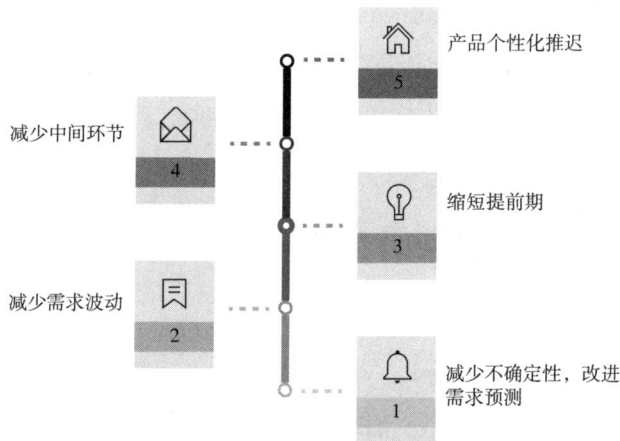

图 8.2　更好地连接需求端与供应端信息的方法

（1）减少不确定性，改进需求预测。例如，企业可以分享数据、信息，要求经销商提供每日进销存数据，以减少不确定性；进行重复多次的需求预测和修正。

（2）减少需求波动。采取如沃尔玛"天天低价"的策略，使全年市场需求相对稳定，控制牛鞭效应的源头。

（3）缩短提前期。缩短交货时间，减少每个订单的量或更频繁的订购，以减弱牛鞭效应。

（4）减少中间环节。直接连接厂商和消费者，能更准确地预测需求，减少牛鞭效应放大需求的次数。

（5）产品个性化推迟。将产品的个性化定制环节尽可能地向后推迟，在接近客户实际需求的时间点再进行个性化加工。这样可以避免过早地根据不准确的个性化预测进行生产，从而减少因需求的不确定性导致的库存积压和资源浪费。同时，这种方式也能够提高企业对市场变化的响应速度，使企业的生产和供应更加贴近实际需求。

同时，出海企业还需关注不同国家和地区的市场特点、政策法规、文化差异等因素，以便更好地适应市场并满足当地需求。并且，随着市场的变化和技术的发展，持续优化供应链管理，提升信息连接的效率和准确性，也是企业在出海过程中需要不断努力的方向。

8.2.2　信息流载体：ERP 和 TMS

在企业迈向海外市场的过程中，企业资源规划（enterprise resource planning，ERP）与运输管理系统（transportation management system，TMS）作为两大核心的信息流通平台，发挥着至关重要的作用。

ERP 作为一种高度集成的软件系统框架，其丰富的功能模块覆盖了从战略规划到生产执行等多元化任务。从信息流的视角深入剖析，ERP 的精髓在于"集成化"，它实现了财务、生产、物流、销售等多个领域的无缝对接，依托于一个共同的数据库，确保信息的实时共享与高效利用。各类用户依据各自权限，能够灵活访问这一数据库，从而助力企业全面掌控并优化供应链资源的配置与利用。

TMS 是专注于运输管理的软件，负责全面管理运输活动，确保运输流程顺畅高效。从运输方式的精准选择，到进出口流程的周密规划，再到运输车队的精细调度与活动控制，TMS 均能提供强有力的支持。

此外，它还擅长制订并优化装载计划，为货主量身打造高效的运输方案，实现从起点到终点的无缝衔接。值得一提的是，TMS还具备强大的多模式货运支持能力，无论是空运、海运、陆运还是铁路运输，均能轻松驾驭，确保全球范围内的物流运输畅通无阻。通过应用TMS，企业不仅能够实现物流供应商的优化选择，还能在确保运输服务质量的同时，有效降低运输成本，提升整体运营效率。

在品牌出海面临地域文化与法规差异、跨境物流经济性、信息系统碎片化和精准市场预测等挑战的情况下，利用如SAP云ERP等数字化解决方案，对全球供应链进行系统化和数字化管理，能够有效应对这些挑战。

例如，SAP云ERP的全球供应链管理涵盖了整个产品生命周期，通过各环节的互联以及与合作伙伴的互联互通，助力企业打造智慧供应链。

同时，企业管理者深入研究目标市场的文化和商业环境，定期培训团队以确保其与全球最佳实践同步，也有助于更好地进行供应链管理。此外，借助专业的全球供应链咨询服务，能获取更多资料与专家建议，进一步优化供应链管理。

总之，ERP和TMS在品牌出海供应链管理中发挥着重要作用，数字化技术和这些系统的应用，可以提高供应链的效率和透明度，降低成本，增强企业在全球市场的竞争力。

8.3 资金流：重视常见问题

资金流是供应链运作的核心，能够确保供应链稳定、可持续。资金流受阻，供应链将受重创，甚至断裂，影响企业整体运营活力和效率。

8.3.1 流程问题：账单周期、票据等

在品牌出海过程中，账单周期作为衡量交易从达成至资金回笼时间跨度的关键指标，其重要性不言而喻。这一时间跨度受多方面因素的影响，

包括但不限于与海外合作伙伴的深度磋商、行业内部长期形成的惯例，以及目标市场特有的支付文化与习俗。精心设定一个既符合实际情况又能促进资金高效流转的账单周期，无疑是企业财务健康与运营稳健的坚实基石。

票据作为资金流动链条中的关键纽带，种类繁多，功能各异。其中，发票不仅是交易详情与金额的权威记录，更是企业向客户收取款项时不可或缺的法律凭证。而汇票，则以其独特的支付指令属性，赋予持票人在特定时间内要求特定付款人向收款人支付确定金额的权利，进一步丰富了资金流转的灵活性与安全性。

例如，一家出海企业向海外客户销售产品，双方约定账单周期为 60 天。企业在发货后开具发票给客户，客户在 60 天内按照发票金额付款。如果企业需要提前获得资金，可以将该应收账款转让给保理公司，保理公司扣除一定费用后向企业支付现金。同时，企业还需注意外汇汇率的变化，可能需要采取相应措施来规避汇率波动带来的损失。

在实际操作中，企业应根据自身业务特点和目标市场的具体情况，制定合适的资金流管理策略，以确保出海业务顺利进行。同时，企业可以咨询专业的财务顾问或金融机构，以获取更详细和个性化的建议。

8.3.2　客情问题：对接人和关键人出错

资金流方面的客情问题大多是客户关系管理不善所导致的支付难题。尽管在流程上已确认客户的资金状况良好，但请款流程的阻塞往往源自客户的请款专员或对接人的消极应对。他们常以各种主观理由拖延办理，如近期工作繁忙、请假等，却鲜少给出明确的客观原因。

例如，一家主营电力设备的领先企业，其产品在国内外市场上都享有盛誉，销量卓越。然而，自 2023 年起，该企业遭遇了前所未有的挑战：其长期合作的墨西哥客户，出现了拖欠货款的情况。面对这一困境，该企业多次尝试与墨西哥客户沟通，并进行了多次催收，但货款始终未能到账。

该企业曾经通过上海国际贸易单一窗口领取了中国信保的保单，基于此，向中国信保上海分公司进行报案。中国信保上海分公司接到报案后迅速响应，不仅安排了专人指导该企业准备详尽的索赔材料，还第一时间启动了海外勘查程序，并持续监控案件的进展，与该企业保持紧密的沟通。

经过细致的调查，中国信保上海分公司发现墨西哥客户由于经营不善，资金链已经断裂，甚至申请了破产，并正在变卖资产以清偿债务，这直接导致该企业的货款无法回收。

在海外勘察结束后，中国信保上海分公司迅速向该企业通报了定损核赔的结果，并出具了赔付通知书，帮助该企业及时弥补了因货款拖欠而造成的损失。这一举措不仅彰显了政策性信用保险的重要性，也为企业提供了有力的风险保障。

在这个案例中，可以看出，企业在面对海外客户货款拖欠的问题时，面临巨大的资金压力。然而，由于该企业具有前瞻性的眼光，提前投保了政策性信用保险，因此在关键时刻得到了保险公司的及时赔付，从而在一定程度上减少了损失。

为了应对出海过程中资金流方面的客情问题，企业可以采取多种措施，如合理利用金融工具进行汇率风险管理、充分了解目标市场的政策法规、与专业的金融机构合作、优化内部资金管理等。同时，政府和相关机构也在不断加强服务和政策支持，帮助企业降低出海风险，如提供政策性信用保险、提供融资服务等。

8.3.3　资金问题：资金困难＋合作方财务情况

在出海过程中，企业可能会在资金流方面遭遇诸多挑战。资金难题表现多样，如融资困难、资金周转效率低、暂时性资金短缺等。原因主要有以下几点：一是企业对目标市场税制调研不足导致税负预测偏差，影响现金流；二是资金规划与管理缺失，难以应对需求波动；三是国际经济环境波动、汇率变动等外部因素，可能影响外汇兑换与资金价值；四是项目前期投入大且后期收益回报滞后，加剧资金阶段性紧张。

合作方财务状况也至关重要，如果出现问题，可能产生连锁反应，影响企业资金的稳定性。例如，合作方延迟或无法按时付款，拖慢企业资金回笼速度；合作方陷入财务危机或破产，会导致企业面临应收账款难收回成坏账的风险；合作方的资金问题还可能阻碍合作项目的进展，间接影响企业资金投入与回报。

对此，企业可采取一系列措施。在出海前，企业需全面且专业地调研财税环境，借助专业力量并确保翻译准确，了解税制环境与潜在风险；优化资金规划与管理体系，制定科学的预算与计划，确保资金使用效率与效果；密切关注国际经济形势与汇率变动，采取有效外汇风险管理措施降低不确定性；选择合作方时充分评估其财务状况与信用水平，确保合作可靠；考虑与外贸收付款专业服务机构合作，缓解资金流压力。

鉴于国际税收环境与税务监管政策不断变化，企业设计出海架构要有长远眼光与全局视野。企业需要关注全生命周期税务问题并制定解决方案，兼顾国际税收征管趋势动态，预留调整空间以应对可能的资金流与税务风险。同时，企业要加强财务管理，树立风险防控意识，健全内部管理制度，及时发现并解决潜在资金问题，确保出海之路稳健顺畅。

第 9 章

营销方案：提升品牌声量与曝光度

品牌出海面临诸多挑战，包括文化差异、市场竞争、消费者习惯的差异等。然而，这些挑战背后也隐藏着巨大的机遇。具体而言，数字化技术的飞速发展和全球消费者需求日益多样化，为品牌提供了广阔的发展空间。

9.1 不同出海阶段的营销重点

在品牌出海过程中，不同阶段营销重点各异。在出海前期，企业需要通过大量推广和优惠活动来吸引消费者的注意力，以此来提高产品和服务的知名度，为后续发展打下坚实基础。进入中期阶段，企业应致力于建立和巩固品牌形象，通过品牌符号化来增强品牌的存在感。到了后期，企业应致力于营造一种文化氛围，使品牌成为一种社会现象，通过文化融合来提升市场影响力和品牌认可度，从而实现可持续发展。

9.1.1 出海前期：大量推广吸引关注

在出海的前期，企业通过大量推广吸引消费者关注，可以迅速提升品牌知名度，为后续的发展奠定坚实基础。

（1）企业可以利用官方社交媒体平台进行广泛宣传。企业可以创建官方账号，发布吸引人的内容，如产品特色、企业文化等；举办线上活动，如抽奖、问答等，以提升消费者的参与度和互动性；与有影响力的社交媒体达人合作，让社交媒体达人体验并推荐产品，借助其粉丝基础提升品牌知名度。

（2）企业可以推出优惠促销活动。例如，限时折扣、买一送一、新用户专享优惠等，以低价吸引消费者购买，快速积累客户群体。在各大电商平台，企业可以设置醒目的促销标识，吸引消费者点击。

（3）企业可以进行 SEO 和广告投放。企业可以研究目标市场的热门关键词，优化网站内容，提高在搜索引擎中的排名；投放付费广告，如谷歌广告、社交媒体广告等，精准定位目标客户，提高品牌曝光率。

（4）参加国际展会也是一个有效的途径。在展会上，企业可以展示产品，与潜在客户面对面交流，发放宣传资料和小礼品，吸引他们的关注。

（5）企业可以开展线上线下联合推广。企业可以在线上宣传线下活动的时间和地点，在线下活动中引导消费者关注线上平台，形成营销闭环。

总之，出海前期的营销方案要注重广泛宣传推广。企业应通过多种渠道和方式，以优惠活动、有趣的内容来吸引大量关注，为品牌在海外市场的发展打下坚实基础。

9.1.2　出海中期：品牌符号化刷存在感

在品牌出海中期借助品牌符号化刷存在感，可以在竞争激烈的海外市场中强化品牌识别、传递价值文化，进而提高品牌知名度和影响力。

利用品牌符号化刷存在感的价值主要体现在以下几个方面，如图 9.1 所示。

1. 增强传播影响力

品牌符号具备简洁性、高记忆度及复制便利性，显著降低了信息传递过程中的损耗，使消费者能够迅速识别并深刻铭记品牌。这不仅有助于培养消费者稳定的购买习惯，还进一步加深了他们对品牌的情感。以耐克的经典"对号"标志和百事可乐标志性的红蓝双色商标为例，它们均表明了品牌符号在构建品牌认知与情感联系中的重要作用。

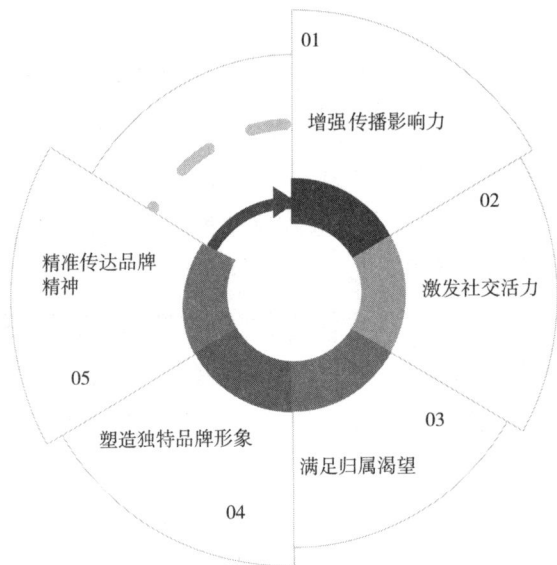

图 9.1　出海中期利用品牌符号化刷存在感的价值

2. 激发社交活力

品牌符号往往设计简约，内涵丰富，能够激发消费者的无限遐想，促进品牌与消费者之间以及消费者相互之间的深度社交互动。企业借助品牌符号精准传达品牌理念，而消费者则通过品牌符号获得身份认同与归属感，形成志同道合的社群。他们在社群或相关场合中交流分享，进一步丰富了品牌符号的社交内涵，强化了与品牌的紧密联系。

3. 满足归属渴望

品牌符号的特定寓意赋予消费者独特的社会标签，使得拥有相同价值观的消费者能够自然而然地汇聚成群体，满足了消费者对归属感的深切需求。例如，耐克的粉丝常常被视为引领潮流的先锋，而圣罗兰的爱好者则被视为追求精致生活的现代女性典范。这种基于品牌认同的社交关系，其紧密程度甚至可能超越日常的社交关系。

4. 塑造独特品牌形象

独特的符号如同品牌的"身份证"，能够使品牌在竞争中脱颖而出，使消费者能够迅速而准确地识别品牌，从而在消费者心中占据独一无二的地位，给消费者留下深刻而持久的印象。

5. 精准传达品牌精神

品牌符号作为品牌价值观的高度凝练与体现，凭借其独特的视觉表达方式，直接且深刻地向消费者传递品牌的核心理念与丰富的文化内涵。消费者在感知与理解品牌符号的过程中，能够深切感受到品牌所传递的情感与力量，进而与品牌建立深厚的情感联系，实现情感层面的共鸣。

9.1.3　出海后期：营造文化氛围或塑造社会现象

在深入拓展海外市场的后期阶段，企业已牢固地确立了市场地位，并成功赢得了广泛的知名度与认可度。通过构建独特文化氛围，企业可以传递核心价值观、文化底蕴和品牌特性，加强与消费者的情感联系，提升消费者的品牌认同与忠诚度。

以叠纸游戏为例，在全球市场的激烈竞争中，该企业始终坚守传承与传播中国传统文化的初心与使命。通过与故宫博物院、南京云锦研究所、苏州市工艺美术行业协会等重量级文化机构开展跨界合作，叠纸游戏充分利用其丰富的 IP 资源，积极参与文化交流与公益项目，引发了广大受众的关注，实现了从游戏领域向更广泛文化领域的跨越。

很多出海企业还致力于将自身打造成一股不可忽视的社会力量，旨在引发社会各界的广泛关注与热烈讨论，从而进一步提升品牌影响力。这包括但不限于积极参与各类社会公益活动、推动行业创新发展、引领消费潮流等。

以科技领域为例，部分企业凭借其创新的产品或服务，彻底颠覆了人们的沟通方式、娱乐体验及购物习惯，一跃成为万众瞩目的社会现象级存在。这不仅为企业巩固并拓展市场份额奠定了坚实基础，还为其开辟了更为广阔的合作与发展前景。

总之，在出海后期，企业通过营造文化氛围和塑造社会现象，能够在海外市场建立更深厚的根基，实现可持续发展。

9.2　内容营销：打造品牌溢价

内容营销不是简单的信息传递，而是通过精心策划、富有创意且与目标市场高度契合的内容，触达消费者的内心，与消费者建立情感连接。成功的内容营销能够塑造独特的品牌形象，提升品牌价值，从而打造品牌溢价。

9.2.1 内容营销与广告营销有什么区别

内容营销与广告营销都是当下常见的推广手段，二者在具体落实方面存在诸多差异，所起到的推广效果也有较大区别。二者的区别主要有以下几点，如图 9.2 所示。

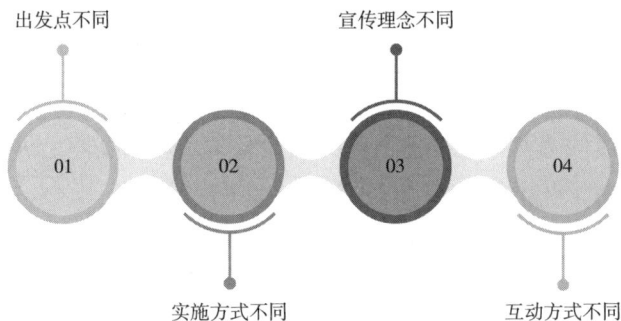

图 9.2 内容营销与广告营销的区别

1. 出发点不同

内容营销侧重于强调产品的核心价值，通过深入阐释产品特性与优势，增强消费者的认知与信任，进而引导其购买决策。相较之下，广告营销则更侧重于实现短期内的广泛曝光，旨在快速满足特定时间段的宣传需求。

2. 实施方式不同

内容营销实施方式多样，如帖子、软文、视频、直播、白皮书等。而广告营销则侧重于通过付费渠道投放广告，以实现直接转化，提升市场覆盖率。

3. 宣传理念不同

内容营销将内容作为核心要素，通过打造具有趣味性的内容，来吸引消费者的关注并赢得他们的信任。这种营销方式相对较为间接，所以消费者对其接受程度较高。但是，该方式的效果会受到众多因素的制约，具有不稳定性。与之不同的是，广告营销着重于直接展示特定的信息，其目标是增强消费者对产品和品牌的认知。

4. 互动方式不同

内容营销注重与受众互动，通过多种形式提升参与热度，带动评论、点赞和分享，有完整传播链。广告营销互动空间狭窄，以单方面内容输出为主，主要围绕产品进行宣传。

TikTok 拥有数十亿的全球用户，覆盖了各个年龄段和地区，为品牌出海提供了广阔的市场空间。对于希望拓展海外市场的品牌来说，借助 TikTok 进行内容营销可以快速触达大量潜在消费者，提高品牌知名度。

在品牌出海的过程中，内容营销和广告营销可以结合使用，以发挥它们的优势，提高品牌的推广效果。品牌可以在 TikTok 上投放广告，提高曝光度和知名度，同时也可以通过内容营销，与消费者建立情感连接，提高消费者的黏性和忠诚度。

例如，品牌可以在 TikTok 上投放信息流广告、品牌挑战赛广告等，吸引消费者的关注和参与。同时，品牌也可以发布有价值的内容，如产品介绍、使用教程、生活小贴士等，引导消费者了解和购买产品。通过内容营销和广告营销的结合，品牌可以在 TikTok 上实现更好的推广效果。

总体而言，内容营销与广告营销存在区别，但也有一定的关联。前者侧重于通过劝说与引导的方式吸引受众，而后者则倾向于直接传达信息。

9.2.2　掌握节奏：新鲜感＋更新＋长期沉淀

在出海营销方面，内容占据了举足轻重的地位，是实现长尾效应的关键因素。根据马斯洛需求层次理论，企业在内容营销的各个层面都应致力于保持内容的新鲜感和持续更新，以满足不同层次的受众需求。

马斯洛需求层次理论将人的需求分为五个层次：生理需求、安全需求、社交需求、尊重需求和自我实现需求，如图 9.3 所示。品牌出海的营销内容打造可以此为依据，逐步递进。

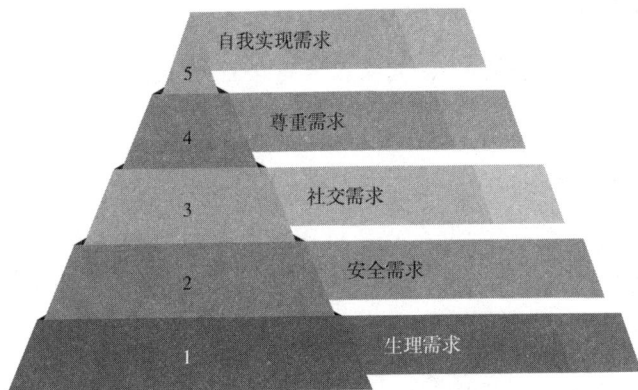

图 9.3　马斯洛需求层次理论

企业应积极探寻市场新兴需求与趋势。针对生理需求，企业应通过内容展现产品独特优势与创新点；在安全需求方面，凸显产品品质与可靠性。为了激发和保持消费者的兴趣与关注，企业需要引入新颖的视角和元素。

更新是绝对不能忽视的。由于市场环境以及消费者需求始终处于不断变化之中，因此企业应灵活地对营销内容进行调整和优化。针对消费者的社交需求，企业要紧跟当下的潮流，及时更新内容，使其与社交趋势和热点相契合。而在尊重需求这一层面，企业则需要紧跟社会价值观的转变，加深对消费者尊重需求的理解，并通过内容展示自己的全新风貌。

长期沉淀则是一个持续积累和深化的过程。企业要不断巩固和强化营销内容在各个需求层次上的价值。例如，通过一系列连贯的内容，逐步树立起在满足消费者自我实现需求方面的良好品牌形象，让消费者对品牌产生长期的信任和依赖。

总之，企业只有足够贴近人性，真正理解和满足消费者的需求和期望，内容才能打动消费者的心。

9.2.3　品牌和 KOL 互动，商单共创

企业与关键意见领袖（key opinion leader，KOL）合作，能够显著提升品牌影响力，并将品牌信息传递给更广泛的目标受众群体。在精心挑选 KOL 时，企业需紧密结合品牌定位和核心受众群体的特征，进行细致的筛

选。合作模式多样，包括产品试用评测、KOL 参与品牌活动以及共同创作精彩内容等。

随着消费者对营销内容需求的深刻变革，KOL 作为专业领域的资深内容创作者，其内容的直接价值显著上升。现今的传播内容不再仅聚焦于品牌信息的单向输出，而是巧妙地将品牌价值融到 KOL 所创造的趣味内容之中，这种深度融合的营销方式更易于吸引并赢得目标消费群体的青睐与喜爱。

商单共创作为一种创新的合作模式，强调品牌与合作伙伴之间在创意与资源层面的深度合作，共同打造独具特色的营销方案。这要求双方需明确界定各自的目标与期望，同时制定详细且明确的合作流程，并精确划分责任范围，以确保合作顺利进行。

在实施 KOL 营销策略的过程中，品牌应逐步调整资源配置，减少对头部 KOL 的过度依赖与高额投入，转而将有限的营销预算投向与目标消费者重叠率较高的中小 KOL。这一转变不仅有助于提升营销资金的使用效率，还能更好地触达并影响那些对品牌具有潜在兴趣的消费者群体。同时，营销软件即服务（software as a service，SaaS）平台的不断迭代升级也为解决 KOL 营销价值的衡量难题提供了有力支持。

随着海外市场的竞争越发激烈，很多行业已经从增量时代迈入存量时代。这一变化对品牌的海外线下营销策略，尤其是品牌的本土化能力提出了更为严苛的要求。

在这样的背景下，算法能力成为衡量出海营销服务商能否提供高效、精准营销解决方案的关键因素。同时，海外红人营销作为一种新兴的营销模式，凭借其品效合一的独特优势，逐渐崭露头角。而原创内容在差异化营销方面扮演着至关重要的角色，成为塑造独特品牌形象的要素。

为适应消费者多元化需求，出海企业需要运用多种营销手段，覆盖全渠道、多触点，建立品牌信任，催生"合作伙伴营销"。该模式涵盖联盟、媒体、搜索引擎、电商平台、网红、B2B 伙伴、非营利组织等，能够拓宽触达消费者的途径，同时提供反馈渠道，革新品牌与消费者互动的方式。

总之，品牌出海进行内容营销、品牌与 KOL 互动以及商单共创，需要深入了解目标市场，选择合适的 KOL 和合作方式，并借助有效的工具和策略来衡量营销效果。同时，企业要关注出海营销的趋势和变化，以应对各种挑战并抓住机遇。

9.2.4　Guess：与网红合作打造好口碑

Guess（盖尔斯）作为一个全球知名的时尚品牌，一直在时尚领域不断探索创新，以满足消费者对时尚的追求。为了更好地推广其时尚产品，Guess 作出一个明智的决策——与 TikTok 网红 Loren Gray（洛伦·格雷）合作。

Loren Gray 通过一系列精心制作的 TikTok 视频，巧妙地将 Guess 时装融入其中。在这些视频里，Loren Gray 身着 Guess 的新款服装，以她独特的魅力和时尚感知力，全方位展示了品牌的时尚设计和潮流风格。无论是休闲的日常穿搭，还是华丽的派对装扮，Guess 的服装在她的演绎下都焕发出迷人的光彩。

这次合作取得了令人瞩目的成果。首先，Guess 品牌在 TikTok 上赢得了更多年轻用户的喜爱。这些年轻用户被 Loren Gray 的魅力所吸引，进而对 Guess 的时尚产品产生了关注和购买欲望。其次，借助 Loren Gray 的影响力，Guess 成功地将品牌的时尚形象传递给更广泛的观众，突破了地域和年龄的限制，让更多人了解并认可 Guess 的时尚理念。

这种与网红合作的模式，为 Guess 带来了口碑和销量的双丰收。它不仅证明了 Guess 在营销策略上的敏锐洞察力和创新精神，也为其他时尚品牌提供了一个值得借鉴的成功范例。

9.3　场景营销：走差异化路线

品牌出海并非简单地将产品推向海外市场，而是要深入理解不同地域的文化、消费习惯和市场需求。场景营销作为一种有效的营销手段，能够让品牌与消费者在特定的情境中建立起情感连接。

9.3.1　你真的了解场景营销吗

场景营销是一种将产品或服务与特定场景相结合的营销策略，通过与目标消费者在这些场景中的互动来推广品牌。其核心在于与消费者建立深厚的情感联系，并积极促进双方的互动，从而为消费者创造独特的体验，提升品牌认知度和忠诚度。场景营销主要有以下几个特点，如图 9.4 所示。

创造身临其境的消费体验

强调情感共鸣

强调品牌塑造

提高产品或服务的附加值

重视互动和参与

整合多种媒体形式

图 9.4　场景营销的特点

1. 创造身临其境的消费体验

场景营销是一种注重营造特定情境的营销方式，它巧妙地运用音乐、灯光、装饰等多种元素，旨在为消费者打造一个全方位、沉浸式的消费环境，从而创造出一种身临其境、深度参与的消费体验。

2. 强调情感共鸣

场景营销通过创设特定的情境，来激发消费者的情感共鸣，增强其参与感和对品牌的认同。它能够精确地洞察消费者的心理需求以及情感触发点，实现品牌与消费者之间的深度联结，进而提高品牌的影响力和消费者对品牌的忠诚度。

3. 提高产品或服务的附加值

场景营销能够为产品或服务赋予额外的价值。将产品或服务巧妙融入精心设计的场景，不仅凸显了产品的特性，还为消费者带来了超越产品或服务本身的情感与体验。这种附加值无疑加深了消费者对产品或服务的认同与渴望。

4. 整合多种媒体形式

场景营销巧妙地融合了音频、视频、图像等多种媒体形式。这种多感官、全方位的刺激，极大地增强了场景的感染力和吸引力，促使消费者对产品或服务产生更浓厚的兴趣。

5. 重视互动和参与

场景营销通过设计互动性强、趣味性高的场景，鼓励消费者主动参与其中，与产品或服务进行直接互动。这种深度的互动体验不仅加深了消费者对产品或服务的理解，还使消费者与品牌建立了更为紧密的信任关系。

6. 强调品牌塑造

场景营销能够将品牌与特定场景紧密结合，助力企业塑造生动、具体的品牌形象。消费者在特定场景中参与互动，不仅能感受到品牌的独特魅力，还能深刻理解品牌的核心价值与优势，从而产生更为深厚的品牌认同。

场景营销不仅是一种营销手段，更是一种深刻理解消费者需求、连接品牌与消费者情感的桥梁。对于出海企业而言，掌握场景营销的核心精髓，灵活运用这一策略，将在激烈的市场竞争中占据更为有利的位置，赢得更多消费者的青睐与忠诚。

9.3.2 场景营销在品牌出海中的作用

在品牌出海的征程中，场景营销发挥着举足轻重的作用。

1. 场景营销促进品牌形象塑造和品牌故事阐述

品牌应运用场景元素彰显核心价值观、品牌故事和文化内涵。例如，一个运动品牌在海外推广时，可以打造一个充满活力的户外运动场景，让消费者直观地感受到品牌所倡导的积极健康的生活方式。呈现具体的场景，能够增强消费者对品牌形象的认知和理解，使品牌理念深入人心。

2. 场景营销能极大地促进消费者的参与和互动

它为品牌与消费者搭建了深度互动的桥梁，通过设计参与感强的活动和体验，充分激发消费者的积极性。例如，一家餐饮品牌出海时，打造了一个美食制作体验场景，让消费者亲手参与美食的制作过程。这种互动能够拉近消费者与品牌的距离，增强他们与品牌的联系，进而提升忠诚度。

3. 场景营销能够增强品牌影响力，提升传播效果

在社交媒体盛行和线下口碑传播重要性更加凸显的当下，场景营销具有很强的传染性和可分享性。消费者在场景营销活动中获得独特的体验和感受后，往往会通过分享和口碑传播来推荐品牌。

4. 场景营销能够帮助品牌进行精准的市场定位，打造差异化优势

结合特定场景，品牌可以在海外市场中更精准地找到自身位置，满足当地消费者的需求。

综上所述，场景营销是品牌出海的有力武器，能够为品牌在海外的发展提供强大动力。

9.3.3 如何做好场景营销

在出海的过程中，企业想要运用好场景营销，就需要注意以下几点：

1. 深入研究目标市场和消费者需求

在实施场景营销策略前，企业需深入剖析目标市场。同时，企业需精准把握消费者行为模式与偏好，确保营销策略契合目标受众的需求。

2. 挑选与品牌形象契合的场景

在国际化的过程中，企业应坚守其独特的品牌定位和核心价值观，同时要谨慎地挑选那些与品牌形象高度契合的场景来开展市场推广活动，以保障品牌形象的连贯统一以及市场策略的准确无误。

这些场景既可以是像巴黎香榭丽舍大道这种具有地域特色的地方，也可以是热门的社交媒体平台。品牌要确保所选的场景能够和自身的形象完美匹配，从而引发消费者的情感共鸣。

3. 构建沉浸式的环境

场景营销的关键在于构建沉浸式的环境。企业可以借助音乐、装饰、灯光等要素，营造契合品牌形象的氛围。例如，时尚品牌可以打造一个极具未来感的秀场，使消费者体会到品牌所传达的前沿时尚理念和潮流。

4. 设计互动环节

通过设计有趣、引人入胜的互动环节，如充满创意的游戏、互动展览或者社交媒体挑战等，紧紧抓住消费者的注意力，让他们深度参与到品牌活动中。

5. 整合线上线下渠道

出海企业应整合线上线下营销渠道。例如，利用社交媒体、数字平台等线上渠道，并结合线下展览、体验店等实体场景，打造线上线下无缝衔接的营销生态。线上线下多渠道共振，能够使营销效果最大化，提升品牌知名度。

6. 与本地合作伙伴合作

企业与当地的品牌、机构或社群建立合作伙伴关系，携手开展场景营销活动，不仅能共享资源、知识和市场渠道，还能提升品牌的影响力和可见度。例如，与当地知名的艺术机构合作举办艺术展览，吸引更多消费者的关注。

7. 数据分析和反馈优化

对于出海企业来说，深入分析数据和积极收集消费者反馈至关重要。通过对数据的剖析，品牌能够清晰了解不同场景下营销活动的成效，并据此做出精准的调整和优化。品牌还应主动收集消费者的反馈意见，了解他们对场景营销活动的真实感受和期望，从而持续改进和提升场景营销策略。

做好以上几个方面，企业就能开展有效的场景营销活动，提升营销效果，实现品牌价值最大化。

9.4 数字营销：以技术破圈发展

数字营销作为连接品牌与全球消费者的重要桥梁，正经历着深刻的变革。而 AI 技术的兴起，为品牌进行数字营销带来了前所未有的机遇。

9.4.1　聪明的 AI：数字营销 "起跑线"

在品牌出海的过程中，数字营销至关重要。对于出海企业而言，营销视频广告已成为竞争利器，但面临剪辑成本高、工期长以及本地化团队组建难等问题。

随着人工智能生成内容（artifical intelligence generated content，AIGC）技术蓬勃发展，视频营销领域经历前所未有的变革。AIGC 技术的引入，极大地提升了内容生产效率，为品牌走向国际市场开辟了崭新的机遇。例如，万兴科技推出的 "万兴播爆" 是一款集成了前沿 AIGC 技术、面向出海营销领域的短视频营销工具，其效能卓越，堪称行业内的佼佼者。

"万兴播爆" 以其独特的优势，重新定义了视频创作的边界。它集优质的广告模板、AI 数字人口播、多语种视频批量化生产于一体，全面贯穿视频创作的概念构思至最终发布的全过程，显著降低了人力资源投入。用户只需输入文字要求，短短几分钟内，它便能生成具备爆款潜质的国际化短视频，让内容创作变得高效而轻松。

在众多 AIGC 工具中，"万兴播爆" 独树一帜，它深刻洞察品牌出海营销的需求，并据此构建了自身的核心竞争力。一方面，它巧妙地引入了 "真老外" 出镜视频功能，无须依赖外籍模特，既降低了成本，又有利于打造更具吸引力的流量爆款。同时，它还提供了多样化的数字人形象以及多语言支持，满足了品牌在不同出海营销场景下的个性化需求。

另一方面，依托万兴科技在视频创意领域的深厚积累，"万兴播爆" 构建了一个庞大的视频营销素材库，内含上百套专业级视频模板，全面覆盖了出海营销的各种场景，为用户提供了丰富的创作灵感和选择。

"万兴播爆" 并未满足于现状，它持续不断地进行迭代升级，致力于为用户带来更加全面、深入的 "全链路 AIGC 创作" 体验。

总之，AI 技术的发展推进了数字营销的发展，为品牌出海提供了更多、更强大的助力。在 AI 模型研发生态已经形成的当下，像 "万兴播爆" 这样深刻理解用户需求和业务场景的 AIGC 应用，将成为品牌出海数字营销的有力支撑，引领行业发展。

9.4.2　做好数字营销其实不难

做好数字营销对于品牌出海至关重要。企业要了解数字营销的类型，包括 SEO、内容营销、社交媒体营销等，它们各有特点和应用场景，企业可根据自身需求和目标市场选择合适的营销方式。

2B 企业和 2C 企业存在显著的差异性。2B 企业的客户购买决策往往较为复杂，涉及多个环节和多个部门，决策周期相对较长。在数字营销中，2B 企业应着重强调内容的专业性与技术性，确保所呈现的信息能够精准对接客户的实际需求。同时，在整个决策流程中，2B 企业需有效传达产品或服务的核心价值，以确保信息传递的准确性和高效性。

相比之下，2C 企业的客户购买决策更为直接和迅速。因此，在制定数字营销策略时，2C 企业应特别强调情感共鸣，通过采用娱乐化的方式，有效吸引并持续留住目标受众。

在衡量数字营销投资回报率（return on investment，ROI）时，企业需关注多个指标，如销售增长、网站流量及转化率、每次点击成本（cost per click，CPC）和每次获取成本（cost per acquisition，CPA）等。

选择像 NetFarmer（网络农夫）这样的专业数字营销服务商至关重要，其依托 HubSpot（集客营销）、NetCloud（网络云）等高效工具，对营销活动实施更为精细化的管理与优化。借助这些工具，NetFarmer 能够深度剖析数据，精准锁定目标受众，并据此定制个性化的营销策略。此举旨在显著提升数字营销的整体效能，为企业创造更为丰厚的收益。

在内容创作方面，企业要根据消费者旅程的不同阶段提供相应内容。在认识阶段，企业可通过博客文章、信息图表、短视频等引起消费者的兴趣；在考虑阶段，企业可以用电子书、研究报告、网络研讨会等深入介绍解决方案；在决策阶段，企业可以依靠案例研究、客户评价等帮助消费者选择。

品牌出海营销还需打造多语言、具有文化敏感性、符合市场洞察且能引发消费者共鸣的数字内容。而 NetFarmer 等专业服务商能在这方面提供支持，包括国际市场洞察、多语言内容管理和跨文化内容优化等。

第 10 章

本土化运作：与海外市场紧密连接

品牌出海的本土化运作是指企业在进入国际市场时，通过一系列策略调整，使其产品、服务、营销等更加贴近并适应目标市场的文化、语言、消费习惯、法律法规等，以实现品牌在目标市场的有效推广和长期发展。只有品牌全面实现本土化，才能构建与海外市场的紧密联系，并赢得当地消费者的广泛认同与青睐。

10.1　本土化的关键是迎合海外市场

品牌出海意味着要进入一个全新的文化、经济和社会环境。每个海外市场都有其独特的消费习惯、审美观念、价值取向和法律法规，如果品牌不能迎合海外市场，就很难真正融入，也很难赢得消费者的青睐。

10.1.1　输出有针对性的本土化内容

品牌在国际市场上实现成功的一大关键策略，是精心策划并输出高度针对性的本土化内容。这一策略的核心，在于深刻理解并融入目标市场的文化、语言习惯、核心价值观以及独特的消费模式。例如，各国对色彩、数字、图案等元素的偏好与避讳千差万别，这要求品牌细致入微地考量这些文化差异。

在语言层面，品牌需深入挖掘并巧妙运用当地的流行语汇、地道表达及语法规则，以此打造更加贴近消费者心灵、促进深层次交流的内容。此外，消费习惯同样不可忽视。例如，环保意识在某些国家已深入人心，那么品牌在进行市场推广时，就应积极展现产品的环保特性，以此吸引并赢得消费者的青睐。

以星巴克在我国市场的成功实践为例，其精心打造了一系列富含我国文化元素的饮品与食品，如抹茶星冰乐、桃花如意茶拿铁，以及在传统节日期间推出的粽子、月饼等特色产品。在店面设计上，星巴克匠心独运，巧妙融入中式建筑风格与传统装饰元素，营造出浓郁的中华文化氛围。此外，星巴克还积极与我国的艺术家合作，推出联名产品及限量版周边商品，深度契合我国消费者的审美偏好与文化情怀。

为了持续输出高质量的本土化内容，品牌需不断深化市场调研工作，积极与当地合作伙伴紧密合作，成立本地化的运营团队。通过这些举措，品牌能够更加精准地把握当地消费者的真实需求与偏好，从而在激烈的市场竞争中脱颖而出，加快国际化发展步伐。

10.1.2　使用海外消费者熟悉的网红、场景等

网红营销作为一种日益风靡的海外市场营销策略，正逐步成为众多出海企业推广产品与服务的核心驱动力。

在甄选网红时，除了要考量其粉丝基数及专长领域，深入分析其受众构成同样至关重要。一般而言，本土网红凭借其天然的亲和力和在特定地域内的广泛影响力，能够在社交媒体平台上引发更为活跃的互动与参与。在品牌国际化进程的不同阶段，借助本地化网红开展营销活动，能够高效助力品牌实现本土化融入，促使品牌产品与服务更加贴合当地市场需求与文化背景。

例如，某科技公司在进军美国市场时，与美国的航拍爱好者网红合作。这些网红使用该公司无人机拍摄出令人惊叹的航拍作品，并在社交媒体上分享创作过程和心得。这不仅展示了该公司无人机的卓越性能，还激发了更多美国消费者对航拍和其产品的兴趣。

此外，在发布帖文时，图片和视频素材中所涉及的人物与场景也需符合当地的审美和文化传统，力求让受众感到熟悉与亲切，而非陌

生与疏离。

例如，花西子在拓展日本市场时，与日本知名美妆博主合作。这些博主通过试用和推荐花西子的产品，向日本消费者展示了中国美妆的独特魅力。在宣传中，花西子运用日本传统的美学场景，如日式庭院、茶道室等，突出产品的东方韵味，吸引了日本消费者的目光。

10.1.3　Zeelool：挖掘本土化需求

品牌想要成功出海，挖掘本地化需求是不可或缺的关键环节。品牌应深入了解当地消费者的偏好、文化特色以及消费习惯，而在这方面，时尚眼镜品牌 Zeelool（泽酷儿）提供了值得借鉴的范例。

Zeelool 敏锐地捕捉到海外时尚眼镜市场的巨大潜力。在异国他乡，有一群热爱嘻哈、摇滚的年轻人，他们对时尚眼镜有很大的需求，然而市场上眼镜的款式很单调。

为了改变这一现状，Zeelool 在内容营销上进行了精心布局。其创建了专属的红人矩阵，通过官网发布了产品红人项目，与众多社媒红人和时尚达人合作。这些红人不仅试戴并展示了 Zeelool 的眼镜产品，还通过他们的社交平台进行广泛传播，极大地提升了产品的曝光度和品牌的知名度。无论是东南亚的消费者，还是北美的时尚达人，Zeelool 都能根据他们的肤色、发型、外表和身材等特点，为他们量身定制合适的眼镜款式。

针对社交媒体平台，Zeelool 精心策划了多样化的营销活动，包括发放优惠券、实施限时折扣以及提供免费赠品等，有效吸引了众多潜在客户的关注并激发了他们的购买欲望。

与此同时，Zeelool 高度重视与消费者的互动交流，通过迅速回应评论以及定期举办线上活动等方式，显著提升了消费者的参与度和好感度，进一步巩固了市场地位。

Zeelool 对目标市场及消费者习惯与文化特征进行了深入洞察，基于此，其采取了精准的社交媒体布局策略，以更好地迎合市场需求并提升品牌影响力。

10.2 解决文化"水土不服"病

在跨出国门、走向海外的过程中，许多品牌遭遇了文化"水土不服"的难题，这成为阻碍其成功的一道难关。不同国家和地区拥有独特的文化、价值观、消费习惯和审美观念。一个在本土大获成功的品牌，如果未能充分理解和适应海外市场的文化差异，可能会在推广过程中引发误解、抵触甚至失败。

10.2.1 了解当地的文化

在迈向国际化的征途上，企业要想在海外市场站稳脚跟，就要对目标市场的文化背景进行深入的研究。这不仅有宗教信仰的差异，还包括各地独特的风俗习惯、社会价值观念、法律体系以及消费行为等各个方面。通过全面掌握这些文化要素，企业能够更准确地捕捉当地消费者的真实需求，以及他们在购买决策过程中的心理变化。这种洞察力在产品开发阶段至关重要，它意味着企业可以根据目标市场的文化特色来定制产品功能和设计风格，使之更加贴合当地消费者的偏好。

此外，在营销策略上，理解文化差异同样至关重要。恰当的营销信息和宣传方式能够有效触达目标受众，错误的传达可能导致误解甚至反感。因此，企业需要根据不同市场的文化背景调整广告内容，确保信息的传递既符合当地文化，又能有效吸引目标消费者。

例如，在中东市场，名创优品了解到当地消费者对宗教信仰的重视。因此，在产品设计和店铺陈列方面，避免了可能的问题。同时，推出了具有中东特色的香薰产品，其香味符合当地消费者的喜好。

在日本市场，名创优品注重产品品质和简约设计。在产品选品上，强调材质优良和设计细节，主打简约实用风格。文具产品设计遵循日本极简美学，同时保证高质量。

在东南亚市场，名创优品根据当地炎热潮湿的气候特点，增加了清凉防暑、防潮防霉等相关产品的供应。此外，在店铺装修和产品包装上，名创优品采用了充满热带风情和当地特色元素的设计，让消费者感到亲切和熟悉。

10.2.2 国货之光白猫：本土化是重点

白猫是我国洗涤日化行业的一个知名品牌，它在密切关注国际平台上的数据的同时，也购买英敏特、尼尔森、欧瑞等企业的数据服务。通过这些渠道，白猫不仅洞悉了海外消费者的偏好与行业需求，还敏锐地捕捉到新品发布的最新动向。

在欧美市场，白猫深入调研后发现，当地消费者对清洁用品的需求与国内市场存在显著差异。具体而言，虽然洗衣凝珠在国内尚属新兴产品，但在欧美市场已占据重要地位，并受到广大消费者的青睐。

白猫发现部分消费者反感塑料包装，有的消费者甚至提出了零塑料、零印刷的严格要求。因此，在向欧美市场推广产品时，白猫更多地强调产品的节能环保特性，而非仅聚焦于清洁效果。

在绿色环保清洁用品领域，欧美市场涌现了一批新兴品牌。受此启发，白猫也积极尝试，推出了几款零塑料、只使用一种油墨的产品，还在亚马逊平台上架了吸色片和洗衣片等产品并突出其绿色环保、可回收等特性，收获了众多好评。

白猫高级市场经理郁骢表示，这些产品在国内的市场需求有限，但白猫坚持环保与回收理念，不断优化产品配方，以开发更符合这一理念的产品，在欧美市场获得更广阔的发展空间。

在东南亚市场，白猫洞察到消费者偏好深色洗洁精。为了实现差异化竞争，白猫推出白色"淘米水"洗洁精。其安心去油的温和配方深受消费者喜爱，迅速获得市场认可。

10.3 ESG 本土化：出海"护身符"

环境、社会和治理（environmental, social and governance, ESG）理念在全球范围内日益受到重视，对出海企业而言，实现 ESG 本土化已成为成功出海的"护身符"。

10.3.1 小米：识别海内外差异，从基础工作做起

在全球科技舞台上，小米作为中国品牌的杰出代表，成功迈出了出海的步伐。其成功的关键之一，在于从基础工作出发，精准识别海内外的诸多差异，如图 10.1 所示。

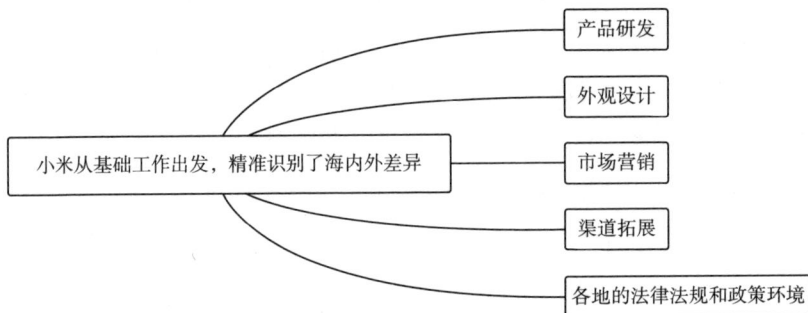

图 10.1 小米从基础工作出发，精准识别了海内外差异

在产品研发的过程中，小米展现出非凡的洞察力，精准地捕捉到全球不同地区消费者对手机性能与功能的多样化需求。在欧美成熟市场，消费者倾向于追求极致体验，他们不仅要求手机拥有顶级配置，如强劲的心脏——高性能处理器，还期待手机拥有卓越的摄影能力以及飞一般的充电速度。而在印度等新兴市场，消费者对价格高度敏感，他们更加青睐那些在保证基础功能的前提下，性价比尤为突出的产品。

基于深入的市场洞察，小米制定了市场细分策略，为欧美市场量身打造旗舰系列产品，引领技术潮流，满足高端用户的极致追求；而在印度，以红米系列高性价比产品，迅速赢得市场的青睐与认可。

在外观设计这一关键环节，小米同样展现了其独到的见解与创意。亚洲市场的消费者普遍偏好色彩鲜艳、设计前卫的手机外观，追求个性与时尚的完美结合；而欧洲市场的消费者则更倾向于简约而不失大气的设计风格，强调产品的整体美感与质感。针对这些差异，小米对手机外观设计进行精心打磨，为亚洲市场带来了充满未来感的渐变色机身与潮流元素，为欧洲市场献上了线条流畅、质感卓越的经典之作，让每一款手机都能成为

用户手中的艺术品。

在市场营销策略的部署上，小米同样展现出其全球化视野与本土化执行的卓越能力。在国内市场，小米充分利用社交媒体平台的强大影响力与电商直播的即时互动性，构建起一个充满活力的营销生态；而在海外市场，特别是欧美市场，小米则更加注重与科技媒体的深度合作、线下体验店的布局以及与运营商的紧密合作，通过多渠道、多层次的营销策略来提升品牌与产品认知度。

此外，在印度市场，小米还巧妙地借助当地宝莱坞明星的影响力进行代言与推广，成功地将品牌形象与本土文化融合，实现了品牌知名度的跨越式提升。在用户服务和售后支持方面，小米也充分认识到海内外的差异。在发达国家，消费者对售后服务的响应速度和解决问题的效率要求很高，小米为此建立了高效的客服团队和完善的售后网络。而一些发展中国家基础设施和物流条件较为落后，小米则通过与当地合作伙伴合作，建立本地化的服务中心，以确保能够及时为消费者提供服务。

在渠道拓展方面，不同地区的差异同样显著。在我国，线上电商平台发展成熟，小米通过自身官网和各大电商平台取得了巨大的销售成功。然而在海外，市场格局更为复杂。在欧洲，传统的零售渠道依然占据重要地位，小米积极与当地的零售商合作，确保产品能够在实体店铺中展示和销售。在印度，线上市场增长迅速，小米则加大了在当地电商平台上的推广力度。

此外，小米还密切关注各地的法律法规和政策环境差异。欧洲对电子产品的环保标准和隐私保护要求严格，小米确保产品在生产过程中符合环保要求，并加强数据安全保护。在某地，政府对本土制造业的支持力度较大，小米积极响应，在当地建设工厂，不仅降低了生产成本，还赢得了当地政府和消费者的认可。

总之，小米在出海过程中，通过扎实的基础工作，深入挖掘和识别海内外在产品、市场、服务、渠道以及法规政策等方面的差异，并有针对性地制定和实施策略，从而在全球范围内取得了显著的成绩，为我国品牌出海树立了成功的典范。

10.3.2　从 ESG 出发放大品牌价值

ESG 已成为近年来全球企业界的热门话题，也是品牌出海应对不同市场和文化挑战时需要重点关注的领域。

汤森路透发布的《2023 年企业 ESG 报告》深度剖析了 ESG 对企业产生的深远影响，揭示了其在多个维度上的核心价值。报告指出，那些在 ESG 领域处于领先地位的企业，其股票表现更好。具体而言，ESG 评分最高的前 10% 的企业，其股票回报率显著高于评分最低的 10% 的企业。

ESG 评分领先企业拥有更强的创新能力。这些企业的研发支出增长率高于行业平均水平，这种对创新的持续投入不仅激发了企业的内在活力，还催生了更加符合社会期望与环境保护需求的产品与服务，为企业的可持续发展奠定了坚实基础。

此外，ESG 营销作为一种新兴而有效的品牌推广方式，正受到越来越多企业的青睐。通过多样化的营销渠道，企业可以广泛传播其在环境、社会与治理方面的理念、行动与成果，进而提升品牌知名度、美誉度及消费者信任度。

对出海企业而言，利用社交媒体等数字化工具制定并实施高效的 ESG 营销策略，不仅能够更好地展示自身的 ESG 理念与实践成果，还能有效吸引并留住目标客户群体。

例如，光伏产业龙头企业隆基股份利用海外社交媒体平台，紧密围绕"让人人享有可负担的清洁能源"的宏伟愿景，以生动的形式展示了其如何携手合作伙伴，共同推进 ESG 目标实现；小鹏汽车精准把握年轻受众群体的特征，采用富有创意与吸引力的传播手段，有效传达了自身在 ESG 领域的坚定立场与不懈努力；华为则在国外某社交平台的全球页面上，围绕"碳足迹"这一核心议题，深入阐述了公司在 ESG 领域的具体行动与显著贡献，彰显了其作为行业领军者的责任感与使命感。

总之，在品牌出海过程中，以 ESG 为出发点，不仅有助于企业履行社会责任，还能放大品牌价值，推动企业实现可持续发展和弹性增长。

第 11 章

安全与合规：打造出海"保护网"

安全是企业稳健发展的基石，潜在的漏洞可能引发严重的法律后果及安全风险。合规是企业在海外运营应遵守的一条重要准则，企业需遵循各国法规、标准和文化。做好安全与合规工作，构建坚实的出海"保护网"，能够保障企业在海外市场稳健前行。

11.1　严峻挑战：基本的法律问题

品牌跨国运营，面临多元法律体系和监管环境所带来的挑战。任何细微的疏忽都可能引发连锁反应，导致品牌陷入复杂的法律纠纷，给企业带来沉重的经济负担，还会损害品牌声誉。

11.1.1　跨境业务中的法律问题

在全球经济一体化的背景下，许多品牌希望进军国际市场。然而，跨境业务也面临复杂的法律挑战和潜在风险，主要表现在以下几点：

1. 知识产权侵权

品牌在不同国家和地区销售商品，可能存在侵犯他人专利、商标和版权情况。例如，销售使用其他品牌商标的商品，或店铺使用其他品牌的商品图片等。

Dr. Martens（马汀博士）品牌母公司 AirWair 国际向美国加利福尼亚州某地区法庭提起诉讼，指控某公司侵犯其知识产权。诉状指出，某在其品牌平台上销售的名为"马丁靴"的鞋类产品，以及额外其他 20 余款的靴子，在设计上均与 Dr. Martens 品牌的"马汀靴"商品存在高度相似性，此举涉嫌侵犯 Dr. Martens 品牌的独特设计权益。

2. 合同法律风险

在签订和履行合同的过程中，企业可能会面临各种法律风险。例如，合同条款不完善，可能导致品牌在争议解决中处于不利地位。因此，企业需要起草明确的合同条款，并确保这些条款符合目标市场的合同法规定。此外，企业应与律师团队合作进行合同审核，以降低潜在的法律风险。

3. 海关法律合规风险

企业在处理海关和税收事务时，必须遵守各国海关法规，并了解目标市场的相关法规，以确保货物的合规性。企业应合理申报商品价值，及时缴纳税款，并配合海关检查，提供必要的文件。违规行为可能导致商品被扣留、罚款，并对企业声誉和运营产生负面影响。因此，重视海关合规，确保进出口活动合法规范，是企业必须关注的重点。

4. 消费者权益保护风险

在经营过程中，企业可能会遇到售假风险和售后服务不完善的问题。这些问题容易引发消费者的投诉，并可能导致法律纠纷。因此，企业应强化产品质量管理，确保所售商品严格遵循既定的质量标准，以保护消费者权益。

5. 隐私数据保护风险

跨境业务涉及大量消费者隐私数据的收集和使用，存在数据泄露和滥用的风险。企业应遵守相关隐私法规，加强数据安全保护，并及时向消费者明确数据使用政策。企业还应定期评估数据安全状况，监控风险，以及时发现并处理潜在问题。例如，某电商平台因未按规定收集和使用消费者个人信息，被监管机构罚款并要求整改。

6. 商品质量合规风险

不同国家和地区对商品质量有不同的要求，企业应保证商品符合规定。企业应当挑选值得信赖的供应商，构建质量控制体系，开展质量检测与认证工作，并且调整产品的设计和制造流程。

7. 电子支付合规风险

多种电子支付方式存在支付安全和合规性风险。企业需确保所选支付渠道符合相关法律法规并具备支付安全措施。同时，企业还应与支付渠道提供商保持密切合作，及时更新支付系统。

8. 虚假广告宣传风险

企业可能因不准确、不真实的商品信息面临法律风险。企业应了解目标市场的广告法规，确保广告内容符合要求，并通过有效审查机制监控广告的真实性和合规性。

9. 争议解决机制选择风险

在跨境活动中，企业需注意不同国家和地区的法律差异。企业应合理选择争议解决方式，并与律师合作，确保合同中明确争议解决机制和适用法律。

10. 税务合规风险

跨境业务涉及复杂的税务问题，包括消费税、增值税等税种的适用与计算。企业在拓展海外市场时，务必深入理解并严格遵守目标市场国家或地区的税务法规，确保税务申报的准确无误与税费的合规缴纳。

跨境业务中的法律问题复杂多样。企业在开展跨境业务时，必须高度重视这些法律问题，加强对不同国家法律制度的学习和研究，建立专业的法律团队或寻求专业的法律服务，以有效防范和应对法律风险，确保跨境业务顺利进行。

11.1.2　联想：了解并遵守海外法律

联想作为一家具有全球视野的国际化企业，在拓展海外市场的过程中，深入了解并严格遵守各国及地区的法律法规。这一举措带来的影响主要体现在以下几个方面，如图 11.1 所示。

1. 建立全球信任

联想在全球范围内为消费者提供高品质的产品和服务，以公正、有道德的方式开展业务，尊重并保护消费者隐私，对环境负责，对当地雇员和社区负责。这些都有助于其建立全球信任。

1 建立全球信任		2 规避法律风险	
3 稳固业务根基		4 加速市场拓展	

5 强化全球化战略支撑

图 11.1　联想了解并遵守海外法律带来的影响

根据益普索于 2022 年 9 月发布的中国品牌全球信任指数调研结果，联想品牌以卓越的信誉位居榜首，其信任指数高达 146 分。这彰显了联想在全球市场中的坚实信誉基础，为其业务的顺利拓展提供保障。通过保持高水准的信誉，联想成功吸引了全球消费者的青睐，并有效提升了消费者对其品牌的忠诚度。

2. 规避法律风险

品牌在海外经营面临各种法律风险与法律问题。联想通过深入了解并严格遵守目标市场的法律法规，结合自身成熟的全球财税合规方案，有效规避了可能的法律纠纷和制裁。例如，联想在"万税之国"巴西实施了特定方案，以应对复杂的税务要求，实现税务合规。

3. 稳固业务根基

确保在不同国家和地区的运营合法合规，能够减少因法律问题导致的业务中断或受阻的风险，使联想的海外业务能够稳定、持续地发展。

4. 加速市场拓展

合规经营，遵循法律法规，是联想有效适应并深度融入当地市场的关键举措。不同国家和地区有各自的市场准入要求、产品标准等，熟悉并遵守这些规定，能让联想的产品更顺利地进入海外市场，扩大市场份额。

5. 强化全球化战略支撑

联想在全球拥有广泛的业务布局和供应链网络，了解并遵守海外法律是其实现全球化战略的基础。这使得联想能够在全球范围内进行资源配置、生产制造和市场销售，充分发挥其全球运营的优势。

　　总之，了解并遵守海外法律是联想出海成功的关键因素之一，为其在国际市场上的长期发展提供了坚实的保障和有力的支持。

11.2　出海时常见的安全风险

　　在出海的过程中，企业可能面临众多风险。其中，知识产权风险和人力资源合规风险是两个常见的风险，企业应对它们有所了解并提前制定应对措施。

11.2.1　知识产权风险

　　在全球化的浪潮中，我国企业积极拓展海外市场，但在这一过程中面临诸多严峻的知识产权挑战。品牌出海常见知识产权风险如图 11.2 所示。

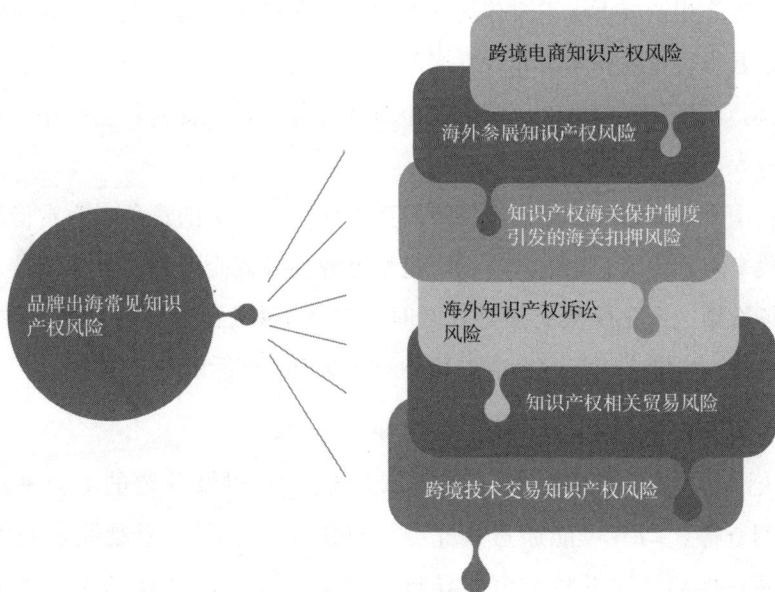

图 11.2　品牌出海常见知识产权风险

1. 跨境电商知识产权风险

不少企业因不熟悉境外平台的知识产权保护规则和法律模式，频繁遭遇商标、专利、版权侵权投诉，导致账号被封、资金冻结，甚至被起诉侵权。以美国为例，其电商平台和法院对知识产权侵权的处理严格且迅速，如果跨境电商不应诉或消极应诉，败诉率极高，将面临巨额赔偿、账户冻结等严重后果。

2. 海外参展知识产权风险

由于欧美国家对展会知识产权保护力度大，因此会对展台进行重点检查。专利、商标、版权等方面的风险都可能导致参展产品被直接撤展、扣押，或陷入长期诉讼纠纷，给企业形象和经济带来重大损失。

3. 知识产权海关保护制度引发的海关扣押风险

在大多数国家，海关拥有根据申请或自身职权，对涉嫌侵权的货物采取查封与扣押措施的权力。这可能导致合同执行受阻、仓储成本增加、面临法律诉讼风险及行政罚款等不利后果。

4. 海外知识产权诉讼风险

海外知识产权诉讼主要分为许可收益型和市场障碍型两类。许可收益型诉讼是由行业内技术主导者发起的，旨在通过诉讼获得技术许可所带来的收益。市场障碍型诉讼通常由竞争对手发起，旨在提升行业壁垒、阻止品牌进入市场。

我国企业遭遇的主要是市场障碍型诉讼。国际上的竞争者常常借助诉讼手段来阻止我国企业进入市场，这可能致使我国企业面临高额赔偿、失去市场份额、企业形象受损等。同时，欧美不断强化其知识产权保护制度，这进一步增大了我国企业在海外面临知识产权诉讼时的压力。

5. 知识产权相关贸易风险

美国的"337调查"与"特别301调查"，以及欧盟的不公平贸易措施调查等，均有可能通过禁止令、排除令等手段，限制我国企业出口产品，极端情况下甚至可能导致我国全行业的产品被排除在相关市场之外。

6. 跨境技术交易知识产权风险

在生物医药领域，我国越来越多的企业通过技术交易出海，即我国企业将自己的技术平台或产品全部或部分售卖给海外的企业，通过海外企业的渠道实现出海。在技术交易的过程中，我国企业面临两大知识产权风险：侵犯他人知识产权的风险；自身知识产权流失的风险。对此，我国企业需关注国家技术进出口管制和数据跨境传输合规等问题。

总之，知识产权风险贯穿品牌出海的多个环节，企业必须高度重视，加强知识产权管理和保护，以应对复杂多变的国际市场环境。

11.2.2 人力资源合规风险

品牌出海面临的人力资源合规风险主要包括以下四个方面：

（1）在合规性方面，全球不同国家和地区在签证政策、社会保障、薪酬体系、税务安排、员工福利以及企业文化等多个领域均存在显著差异，并且各自拥有独特的合规要求。

例如，欧盟的 GDPR 引领了全球数据保护的趋势，美国各州也设有相应的规章制度，我国则实施了《中华人民共和国个人信息保护法》等法律，以保障数据安全和隐私。面对复杂的合规环境，出海企业应在严格遵守各地法律的同时，满足自身全球化运营的内部需求。

（2）在招聘环节，企业需坚决杜绝任何形式的歧视，积极倡导并实践员工多样性和包容性理念，同时加强对员工个人隐私的保护。传统招聘流程容易出现主观偏见，且部分环节效率低下。

（3）进入合同签订阶段，企业务必重视合同的合规性，确保薪酬体系的公平性和透明度，并采取有效措施保护员工薪酬信息的机密性。面对辞退和裁员等敏感问题，企业更需谨慎行事。根据当地劳工标准和法律规定，按时、精确、合规地向被辞退的员工发放补偿和赔偿款项至关重要。

（4）由于法律和监管合规的复杂性以及各国规定的差异，企业容易触犯法律，这不仅增加了合规成本，还可能挤压利润空间，影响企业的战略决策。在人才遴选方面，企业需要考虑文化适应性、专业技能、语言能力等因素。留住人才也面临诸多挑战，如挖角、文化融入困难、个人发展需求等。因此，企业需制定有吸引力的薪酬策略，平衡全球薪酬福利差异，以应对合规挑战。

为解决这些难题，一些企业依靠长期的知识积累以及生态系统合作伙伴，对公开数据库进行研究，包括当地就业、工资、税务管理等有关资料，以确保人力资源管理安全合规。也有企业通过建立数字化的合规高效管理体系，或借助专业的全球雇佣与薪酬管理平台，来应对人力资源合规风险。

例如，PayInOne 为海外雇员提供了从入职到离职的全流程服务，支持多种货币类型的薪酬核算与代发。同时，其在深入了解当地法律法规的前提下，精心设计福利与保险代缴等服务，旨在协助出海企业有效规避相关法律风险。

总之，人力资源管理合规是品牌出海和海外业务顺利开展的基础，企业需重视并妥善处理人力资源合规风险问题。

11.3 不同海外市场的合规情况

合规是企业成功进入海外市场并稳固市场地位的基础。无论是新兴市场，还是欧美成熟市场，每个市场均有其独特的规则与标准。企业需深入理解和适应这些规则和标准，以确保其市场活动的合法性和可持续性。

11.3.1 新兴市场：执法尺度动态收紧

如果企业对出海风险按照不同市场加以细致划分并进行分析，就会发现东南亚等新兴市场和欧美成熟市场在风险点方面存在显著的区别。因此，在规划出海战略时，企业要充分思考各个目标市场所独有的特性，确保所制定的决策既准确无误又富有成效。

在东南亚地区，大多数本土商家基于政策支持与外来新业态进行博弈。近两年，东南亚地区排斥外来新业态的倾向越发明显，预示着未来或将有更多针对进口商品的海关、物流及设厂等环节的准入门槛与标准限制被设立。2023 年，东南亚本土的合规生态发生了变化，其中最明显的变化是当地市场的执法尺度收紧。

例如，某电商直播带货在印尼呈现出显著的增长势头，然而，后续却遭遇了封禁的挑战以及合资的复杂情况，发展充满了波折；某品牌在泰国因商标争议，被泰国当地的品牌提出索赔要求，最终，某品牌败诉。这些案例不仅凸显了出海品牌与当地本土品牌在影响力层面的不均衡，也深刻揭示了企业在国际拓展中可能存在的疏忽，特别是在商标注册与保护方面的不足。

我国企业的成功经验主要源于特殊的国内大统一市场，品牌出海东南亚不能简单套用国内的成功经验，应制定本土化策略。

总之，针对东南亚等新兴的海外市场，我国企业应深入了解当地实际情况，制定并执行恰当策略，以确保能够应对潜在的问题，避免由于盲目自信而陷入困境。

11.3.2　欧美成熟市场：合规颗粒度更细

在全球化进程中，我国消费品企业将欧美市场作为出海战略的重点。然而，对这些企业而言，品牌出海无疑是一场涉及复杂合规细节的挑战。在欧美成熟市场中，合规标准和要求变得越来越细，成为品牌出海过程中不可忽视的风险领域。

以无锡的 Temu 卖家李先生为例，他深刻感受到欧美市场竞争的激烈和资质审核的严格。例如，化妆品、电子产品等基础消费品的卖家，如果未通过相应的资质认证，就难以参与市场竞争。

特别是像《加州 65 号提案》这样的法规，对产品中特定毒性化学物质有严格规定，要求厂商必须贴上明确的警告标签。然而，许多北美卖家因忽视这一细节，未能及时完成相关认证并贴上标签，结果遭遇了法律诉讼、资金冻结甚至店铺关闭的困境。标签问题的背后，实际上是北美市场对出海企业在细节合规性方面的严格要求。

为了适应北美市场的要求，一些跨境电商平台进行了相应的调整。2023年 6 月，Temu 平台积极响应合规要求，增强了对知识产权、外观专利等资质认证审核的严谨性，导致部分未能达到标准的小卖家被迫退出市场。这一变化无疑为那些希望在欧美市场稳固立足的卖家敲响了合规经营的警钟。

回顾过去，我国企业早期的出海之路相对顺畅，合规规则较为宽松。

但随着全球化进程的推进，各国对外资企业的监管日益严格。以亚马逊平台为例，早期开店无须提供增值税税号，但如今平台已能够直接抓取数据并自动扣税，这无疑增加了企业的运营成本和合规难度。

致力于合规出海的企业不仅需要关注市场趋势的判断、公司类型与节税策略的制定、政策红利的利用，还需深入了解并迎合当地市场的情绪偏好、开展海外招聘与劳工调配等本土化工作。此外，在北美等市场开设线下品牌店时，企业还需严格遵守原产地概念、税务规定、社会责任标准以及售后服务等要求，并构建起完善的用户信息安全与隐私保护体系。

总之，我国消费品出海欧美市场，合规要求日益严格和细化。企业需不断适应和应对，从简单的规则遵循到全方位的本土化合规，以在欧美市场立足和发展。

11.4　出海通用方法论

合规不限于遵循法律条文，更是一种深思熟虑的战略选择，是企业在全球市场中稳固立足并持续发展的基石。要想实现合规出海，企业就要掌握一些通用的方法论，如构建合规体系、提高技术风险预测能力。

11.4.1　重点：尽早树立合规意识、构建合规体系

对于计划将品牌推向国际市场的企业而言，尽早树立合规意识并构建完善的合规体系是至关重要的。在全球互联互通的商业环境中，每个国家和地区都有其独特的法律体系与监管框架。如果企业忽视合规的重要性，未能及时构建起合规防线，则可能面临重重挑战与潜在风险。

树立合规意识的先行之举，意味着企业在出海之前，需对目标市场的法律法规、政策导向及行业标准进行全面而深入的洞察。通过细致入微的研究，企业能够精准把握合规脉搏，确保在产品设计、生产制造、市场营销及运营管理等多个维度上，均能与当地法规及行业标准无缝对接，从而有效规避违规行为。

构建健全的合规体系，是企业顺利出海的关键。合规体系应覆盖企业各部门与流程，明确员工合规职责与行为规范。这样，企业运营有据可循，面对合规挑战能迅速响应。

前瞻性的合规规划有助于企业实现有效的成本管控。相较于违规行为发生后企业需要付出的巨额整改成本——包括产品调整、技术重构、管理优化等多个层面的资源重新配置，预防违规行为的成本显然更低。因此，企业应将合规融入日常运营，以规避经济损失，为长期稳健发展奠定基础。

随着海外市场监管力度持续加大，合规已逐渐从一项被动应对的任务转变为驱动业务增长的重要力量。具备卓越合规能力与制度的企业，不仅能够更好地赢得消费者的信赖与认可，还能在激烈的市场竞争中脱颖而出，构建强大的核心竞争力。它们将合规视为一种深入业务场景的服务力与生产力，通过持续优化合规管理实践，实现更高质量的发展。

总之，出海企业应尽早将合规纳入战略规划，树立合规意识，构建完善的合规体系，以确保在海外市场稳健发展和获得长期成功。

11.4.2　提高技术风险预测能力

在海外市场的广阔天地中，企业面临诸多挑战，其中技术风险犹如隐藏在暗处的礁石，随时可能让品牌出海之船触礁搁浅。因此，提高技术风险预测能力对出海企业而言至关重要。

出海企业提升技术风险预测能力的意义主要有以下几点，如图 11.3 所示。

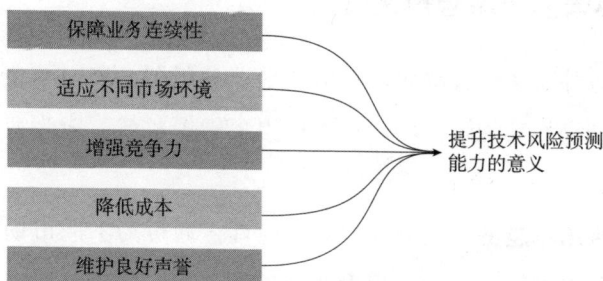

图 11.3　提升技术风险预测能力的意义

1. 保障业务连续性

在海外市场，技术问题可能导致业务中断。企业应不断提升技术风险预测能力，以提前发现潜在的技术故障或漏洞，及时采取措施进行修复和防范，确保业务稳定运行，避免经济损失和声誉受损。

2. 适应不同市场环境

各个国家和地区的技术标准、法规要求、网络环境等存在差异。准确预测技术风险有助于企业调整技术方案，确保产品和服务符合当地要求，顺利进入目标市场。

3. 增强竞争力

在竞争激烈的国际市场中，能够有效预测并应对技术风险的企业，可以更快地推出新产品和服务，提高运营质量和效率，从而在竞争中占据优势。

4. 降低成本

企业预先识别并评估技术风险，有助于在问题显现之前采取相应措施，避免后期需要进行大规模整改与补救工作，进而有效控制成本。

5. 维护良好声誉

技术风险一旦爆发，可能引发产品召回、服务中断等问题，严重影响企业在海外市场的声誉。预测并解决风险，有助于维护企业的良好形象。

在品牌出海的道路上，提高技术风险预测能力不是可有可无的点缀，而是关乎品牌生死存亡的关键所在。只有提前洞察风险、做好充分的准备，企业才能在海外市场乘风破浪。

11.4.3　小米的出海合规之道

小米在海外市场持续深耕，积极拓展业务版图，取得了令人瞩目的业绩增长。特别是在某国际市场，小米取得了辉煌成就，成为智能手机市场的领头羊。

小米展现出卓越的市场洞察力和适应性，通过为不同市场量身定制产品，如专为印度市场改良的小米手环与智能电视、面向欧洲城市的电动滑板车等，不仅满足了当地消费者的多样化需求，也进一步巩固了其在全球市场的领先地位。

在知识产权方面，小米不遗余力地推动合规与创新。2022 年，小米发布了其首部知识产权白皮书，提出了以消费者利益为核心的知识产权愿景，倡导通过高质量的创新与多元化的知识产权解决方案，营造更加有利于消费者的市场环境。此外，小米在专利许可交易中展现出非凡的智慧与创造力，通过多边联合许可等新型交易框架，有效解决了通信行业在标准必要专利许可方面的诸多难题。

小米还在全球范围内积极申请和注册商标、专利等知识产权，以保护自身品牌的合法权益。同时，小米也尊重他人的知识产权，避免侵犯他人的合法权益。针对特许权使用费问题，小米严格按照当地法律法规的要求进行申报和支付，确保不陷入"特许权费陷阱"。

在税务方面，小米在各国开展业务时，严格遵守当地的税法规定，确保按时、足额缴纳税款。小米与专业的税务顾问合作，进行税务筹划和咨询，以确保税务处理的合规性和效率。

在贸易合规方面，小米在国际贸易中严格遵守相关法规，如出口管制、反倾销、反补贴等规定，确保贸易活动的合规性。小米在进口和出口货物时，严格按照海关要求进行申报和清关，确保货物顺利通关。

在内部治理与反腐败方面，小米建立了完善的反腐败和反贿赂机制，对员工的商业行为进行严格监督和管理，防止腐败和贿赂行为的发生。此外，小米定期对员工进行合规教育和培训，增强员工的合规意识和风险意识，确保员工能够自觉遵守公司的合规政策和法律法规。

2024 年 6 月，小米集团内部通报两起严重贪腐案件，并对涉案的两名国际业务部地区总经理进行了严肃处理。这不仅彰显了小米反腐败的坚定决心，也为其在全球范围内构建更加有效的内部控制体系、确保合规经营与审慎决策奠定了坚实基础。

然而，小米在海外市场的发展并非一帆风顺。例如，在某市场，小米遭遇了合规方面的挑战。之后，小米加强了与当地政府的沟通和合作，更加注重相关问题。这一事件为小米和其他国内企业在出海过程中提供了宝贵的经验和教训。

综上所述，小米在出海合规方面作出了很多努力，以确保其海外业务的合规性和可持续性发展。

第 12 章

合作伙伴：有搭档才能事半功倍

在企业拓展海外市场的征途中，合适的合作伙伴能够与企业优势互补，共同应对复杂多变的市场环境。他们提供的当地市场资源、人际关系和专业知识，能够帮助企业迅速适应新环境，降低风险，提高运营效率。

12.1 出海过程中的合作伙伴

在当今全球化的商业格局下，出海已成为企业发展的必然趋势。而在充满挑战与机遇的出海征程中，当地政府、海外商会、社交媒体等合作伙伴能够为企业提供诸多助力。

具体而言，当地政府为企业提供政策支持，商会助力企业融入市场，社交媒体助力品牌推广，企业家协会为企业提供专业指导。这些合作伙伴各自发挥优势，共同助力企业在海外市场取得成功。

12.1.1 当地政府

在企业拓展海外市场的征途上，当地政府扮演着多重角色。

首先，它们不仅是规则的制定者和监管者，还致力于为企业营造一个清晰、稳定且可预见的商业环境。明确的法律法规和政策框架，为企业在海外市场上的合规运营提供了坚实保障，使企业能够规避一些不必要的法律风险。

以知识产权保护为例，某些国家对知识产权保护的严格规定，为企业构建核心竞争力提供了坚实保障。这使得企业在出海过程中能够无所顾忌地投入研发和创新，从而在市场上保持领先地位。

其次，当地政府还扮演着资源提供者的角色。它们可能会为企业提供土地、基础设施、税收优惠等支持。以新兴的经济特区为例，为了吸引外资企业入驻，政府往往会提供廉价的工业用地和先进的基础设施，助力企业降低运营成本。同时，税收优惠政策能扩大企业的利润空间，提升企业在海外市场的竞争力。

最后，当地政府也是市场发展的积极推动者。通过制定精准的产业政策和发展规划，政府引导企业进入具有巨大潜力的领域和市场。例如，在某些国家，政府大力推动可再生能源产业的发展，通过提供补贴和政策支持，吸引了众多海外企业参与其中，推动产业进步和繁荣。

然而，与当地政府合作并非一帆风顺，企业需要面对文化差异、政策变化等诸多挑战。在文化方面，不同国家的政府在沟通方式、决策流程等方面可能存在差异。企业需要深入了解并尊重当地文化，与当地政府建立良好的合作关系。政策变化也是企业需要应对的风险之一。各国的政策可能会因国内外形势的变化而调整，企业需要密切关注并及时应对。

为了更好地与当地政府合作，企业应积极主动地与其沟通和交流。企业需要主动了解当地政府的发展需求和政策导向，制定与之相契合的发展战略。同时，企业还应注重社会责任的履行，积极参与当地的公益事业和社区建设，树立良好的形象。

总之，当地政府作为品牌出海过程中的重要合作伙伴，为企业提供了规则保障、资源支持和市场机遇。

12.1.2　海外商会

海外商会作为连接出海企业和海外市场的重要桥梁，不仅拥有丰富的本地市场资源和广泛的人际网络，而且对当地的商业环境、政策法规以及行业动态有着精准的把握和深入的了解。对于刚刚进入海外市场的企业来说，海外商会无疑是帮助它们快速融入当地市场并顺利发展的得力助手。

以我国某制造企业为例，其计划在东南亚市场拓展业务。通过与当地商会紧密合作，该企业及时了解到该地区对制造业的扶持政策、潜在的商业机会以及竞争对手的实际情况，从而避免了因信息不对称而走弯路。

海外商会可以为企业提供全方位、多层次的商务服务和支持。从完成烦琐的注册、审批等行政手续，到组织各类商务活动和展会，商会都能为企业提供帮助。例如，一家科技企业参加了当地商会举办的科技展会，其先进的技术和优质产品吸引了大量当地客户的关注，大幅提升了其在海外市场的品牌知名度和影响力。

在协调企业与当地政府或者企业与其他企业之间的关系方面，海外商会也具有独特的价值和作用。当企业在海外运营过程中遇到问题或纠纷时，商会能够迅速介入，充当沟通的桥梁，协助企业与相关方进行协商和解决问题。例如，一家食品企业在海外市场因产品质量标准问题而陷入争议，商会及时出手，协助企业与当地政府部门沟通，最终问题得到了圆满解决。

更重要的是，海外商会为企业提供了一个广阔的交流合作平台，不同企业可以在这里互相学习、借鉴成功经验，甚至开展合作项目，实现资源共享和优势互补。一些中小企业正是通过商会的牵线搭桥，与大型企业达成合作，从而提升了竞争力和市场地位。

例如，2024 年 2 月，某集团与新西兰某商会签署了一份具有深远意义的战略合作框架协议。

该集团作为领域的佼佼者，充分发挥其在财经新闻资讯、媒体影响力等方面的独特优势；而新西兰某商会则凭借其在新西兰经贸领域的深厚资源和广泛人脉，为双方的合作提供坚实支撑。双方围绕进一步拓展我国和新西兰的经贸投资合作边界等产业发展主题，在商贸产业资源共享、文化活动品牌建设、企业发展管理咨询等多个领域建立了牢固的战略合作伙伴关系。

此次合作的具体内容涵盖媒体宣传推广、智库研究平台建设、高端商务考察等多个方面。双方将加强在市场、资源、信息、渠道等方面的联动，形成强大的合力。而此次合作的契机，则是推动广东金牌"年菜"等优质产品进军新西兰市场，旨在为广东的制造业拓展更广阔的海外市场搭建起坚实的桥梁，同时也为广东实现更高水平的对外开放注入新的活力。

值得一提的是，作为新西兰颇具影响力的商业组织，该商会已经成功打造了多个具有广泛影响力的品牌活动，为新中两国的经贸文化交流作出了积极贡献。

总之，海外商会凭借其资源、服务和协调能力，成为品牌出海过程中的有力支持者和合作伙伴。

12.1.3　社交媒体平台及负责人

社交媒体平台拥有庞大的用户基础和强大的传播能力。例如，在全球范围内拥有数十亿用户的几大社交媒体平台，能够为出海企业提供广告投放服务，帮助企业将产品和服务信息准确传递给目标受众。

社交媒体平台还能帮助企业深入了解目标市场消费者的需求和消费习惯。通过消费者的评论、点赞、分享等互动行为，企业可以获取宝贵的市场反馈，进而优化产品和服务。同时，社交媒体上的热门话题和趋势也为企业提供了创新的灵感和市场洞察。

例如，创蓝云智与世界领先的移动互联网服务提供商 WhatsApp（瓦次普）建立合作关系，成为国内在出海通信领域首批荣获 WhatsApp 官方授权的商业解决方案提供商。WhatsApp 在全球 180 余个国家及地区拥有超过 20 亿用户，在欧洲、南美洲、非洲市场占据领先地位。

在本次合作框架下，创蓝云智致力于提供开发者友好型的应用程序编程接口（application programming interface，API），并精心封装 WhatsApp 商业信息验证及营销解决方案。此举旨在协助出海企业实现更精准地触达全球消费者的目标，进而推动其商业增长。

在危机公关方面，社交媒体平台负责人能够发挥关键作用。当企业在海外市场遭遇负面舆情时，他们可以凭借丰富的经验和专业的团队迅速制定应对策略，及时发布澄清信息，引导舆论走向，以最大限度减轻对企业声誉的损害。

此外，社交媒体平台负责人还能为企业提供市场洞察和趋势分析。他们掌握大量用户数据和行业动态，能够帮助企业了解不同地区的市场需求、消费习惯和竞争态势。同时，社交媒体平台负责人还能促进企业与用户之间的互动和沟通，通过组织线上活动、收集用户反馈等方式，增强用户对企业的认同感和忠诚度。

综上所述，社交媒体平台及负责人凭借丰富的资源、专业的技能和敏锐的市场洞察力，成为品牌出海过程中不可或缺的合作伙伴，助力企业在海外市场破浪前行，实现快速发展。

12.1.4　企业家/创业者协会

企业家/创业者协会通常汇聚了来自不同行业和领域的杰出企业家和创业者。这些成员不仅积累了丰富的商业实践经验，还构建了庞大的人际网络。对寻求发展与合作的企业而言，与企业家/创业者协会建立合作关系，能获得深入的行业洞察和市场动态。

这些协会与当地政府部门、金融机构等保持着紧密的合作关系，为企业搭建起与政府、金融机构沟通的桥梁。通过协会，企业能够更有效地与政府沟通，及时了解并争取到相关的政策扶持和优惠措施，为自身的健康发展提供有力保障。同时，在企业寻求资金支持时，协会能够精准对接合适的投资机构或银行，协助企业解决资金难题。

企业家/创业者协会还致力于为企业提供全方位的培训和指导服务。这些服务涵盖海外市场法律法规培训、文化差异解读、商务礼仪等方面，帮助企业员工更好地适应海外工作环境，避免因文化差异和法律误解而引发业务风险。这样的支持使得企业能够在海外市场上更加从容地应对各种挑战，实现稳健的发展。

例如，2023 年 7 月，在中国（汕头）—印度尼西亚经贸合作交流会上，汕头市澄海区玩具协会与印尼玩具协会签署了一项价值 25 亿元的出口采购意向协议。此协议的签订，标志着两地协会通过优势资源互补，将汕头市独特的玩具产业推向更广阔的海外市场，特别是东南亚市场。印尼玩具协会会长在签署仪式上表示，协会与汕头企业家在玩具贸易领域的合作已有 20 余年的历史，印尼玩具业的发展离不开澄海的支持。此次合作，旨在进一步扩大贸易规模，实现超过 25 亿元的交易额。

汕头市澄海区玩具协会副会长表示，在东南亚市场，印尼是汕头玩具

产业最为重要的市场之一。他对印尼市场充满信心，并期待未来能够取得
更加丰硕的合作成果。

在选择合作的企业家/创业者协会时，企业应持审慎的态度关注以下
关键因素，如图 12.1 所示。

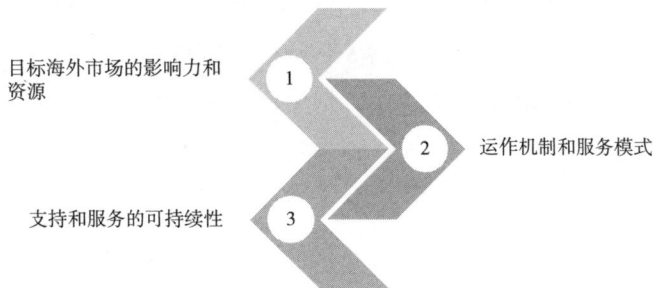

图 12.1　选择企业家/创业者协会时需要注意的因素

1. 目标海外市场的影响力和资源

企业需考察企业家/创业者协会在目标海外市场的知名度和声誉。
对此，企业需要评估企业家/创业者协会拥有的政商关系、行业资源和
合作伙伴网络。企业还需要了解企业家/创业者协会对当地市场规则和
趋势的了解程度，以评估其能否为自己提供准确的市场洞察和战略
指导。

2. 运作机制和服务模式

企业需要研究企业家/创业者协会的组织架构和决策流程，并且需要
分析企业家/创业者协会提供服务的方式与频率，确认企业家/创业者协会
能否根据自身需求提供定制化服务。

3. 支持和服务的可持续性

企业需评估企业家/创业者协会的财务状况、了解其资金来源，以确
保其能长期稳定运行。此外，企业还需要考察企业家/创业者协会提供的
支持与服务的连续性和稳定性，以评估与其长期合作的可靠性。

企业以审慎的态度选择企业家/创业者协会并充分利用其所具备的
优势，更容易在海外市场立足，挖掘更多发展机会，实现长期稳定
发展。

12.2 抱团取暖是不错的选择

抱团取暖能增强企业在海外市场的抗风险能力。面对复杂多变的海外市场环境,单个企业可能势单力薄,但通过与其他企业合作,企业可以与合作伙伴共同应对风险,降低损失,增加在海外市场生存和发展的机会。

12.2.1 合作出海成为趋势

近年来,我国企业出海的步伐不断加快。随着各类技术的成熟和供应链弹性的提升,企业出海方式更为丰富多样。一方面,部分企业通过加大研发力度、投入本地化产能,以优质、高性价比的产品进入海外市场;另一方面,不少企业注重打造独特的品牌形象,以提升品牌价值来吸引海外消费者。

在医疗健康领域,一批具有自主创新技术的企业通过与国际组织紧密合作,将高质量的产品成功推向中低收入国家市场。以广州普世利华科技有限公司为例,该公司依托其原创技术,与某基金会达成战略合作,以进一步拓展国际市场。该公司自主研发的分子即时检测(point of care testing,POCT)产品,已经通过了多个国家和地区的严格验证,并成功投放到这些市场,为当地民众的健康提供了有效保障。

民营企业在出海方面表现活跃。为了应对全球产业链重组、地缘政治冲击以及国内市场竞争加剧等挑战,民营企业积极寻求海外发展机遇。它们或通过海外并购获取资源,或直接投资拓展市场,或与成熟的供应商合作打开海外销路。

在民营企业出海过程中,金融机构的助力不可或缺,有助于降低企业融资成本,提高融资效率。例如,长三角民营企业在金融机构的保驾护航下,进出口总额呈现良好增长态势。

很多企业通过组团出海的方式,整合供应链资源,搭建全球供应链中心等平台,实现优势互补、协同发展。这种合作模式可以集中订单、优化资源配置，提供更具竞争力的产品，并借助彼此的海外渠道和资源，将优质的产品和品牌推向更广阔的国际市场。

2023 年，中伟股份及其全资子公司中伟摩洛哥新能源与摩洛哥顶尖投资控股公司 AL MADA 及其附属企业 NGI 以及合资公司正式签署了《合资协议》。此次合作旨在充分利用摩洛哥独特的地理位置及绿色能源优势，在摩洛哥打造新能源绿色工业园区。合作项目涵盖三元前驱体一体化、磷酸铁锂一体化、黑粉回收工厂以及摩洛哥—中国绿色能源工业园区等多个关键领域。

中伟股份此举不仅旨在发挥当地资源优势，更着眼于完善其海外战略布局，以期在全球市场上进一步提升核心竞争力。目前，中伟股份的海外核心客户包括特斯拉、LG 化学、三星 SDI 等知名企业。

总之，通过合作出海，企业能够获得更多的机会和优势，更好地应对各种挑战，实现资源共享、风险共担和互利共赢。

12. 2. 2　药企"借船出海"

2024 年被认为是药企出海大年。2023 年，我国创新药海外授权交易超过 50 笔，可统计的交易总金额累计约 431.1 亿美元，同比增长约 56%。2024 年 1 月伊始，已有 10 余例跨国药企收并购本土药企的案例，在抗体偶联药物（antibody drug conjugate，ADC）等热门领域，跨国药企更是在我国开启扫货模式，交易金额均超 10 亿美元。

在海外跨国药企进入我国市场的同时，我国很多药企也积极走向海外，以开拓更广阔的市场。我国药企出海主要采取两种模式："借船出海"和"造船出海"。"借船出海"指的是我国药企进行药物早期研发后，将项目授权给国外药企进行后期临床开发和销售上市。"造船出海"指的是我国药企独立在海外开展临床试验、申报上市，并在获批后进行上市。这两种模式各有优缺点，目前我国药企出海大多采用"借船出海"模式。

以君实生物为例，其与美国药企礼来公司携手研发的埃特司韦单抗药物，不仅在临床阶段迅速完成了多个大规模的国际Ⅲ期临床试验，而且其授权使用的国家横跨四大洲。

君实生物还与美国制药公司 Coherus 合作，双方在特定区域联合开发特瑞普利单抗药物，其中 Coherus 全权负责商业化运营。2023 年，特瑞普利单抗注射液的产量与销量均有所上升，为君实生物带来了显著的销售收入增长。

再来看复宏汉霖，该公司与印度尼西亚制药公司 Kalbe Farma 旗下的控股子公司 KGbio 达成了独家合作，授权其在东盟十国对 PD－1 单抗 H 药——汉斯状©的首个单药疗法及两项联合疗法进行独家开发与商业化。

2023 年 8 月，复宏汉霖进一步扩大了 H 药的国际影响力，将其在中东北非区域 12 个国家的独家商业化权益授予 KGbio。同年 10 月，复宏汉霖还与印度药企 INTAS 达成深度合作，授权其对 H 药在欧洲和印度，包括广泛期小细胞肺癌在内的多项适应证及特定剂型进行独家开发与商业化。

对于药企而言，采用"借船出海"模式能够显著降低研发风险与成本，但这也伴随着知识产权与商业化运营权部分流失的潜在风险。为了成功实施这一模式，规避潜在风险，药企需注意两点，如图 12.2 所示。

寻找合适的合作伙伴　　药企"借船出海"需要关注的两点　　找准出海产品定位

图 12.2　药企"借船出海"需要关注的点

1. 寻找合适的合作伙伴

在寻找合作伙伴时，药企应注意，规模并非衡量合作伙伴优劣的唯一标准，而应从对方的意愿、对目标市场的了解程度、实力等方面进行综合考量。

2. 找准出海产品定位

从产品适应证的初期开发到目标市场的精准开拓，都需严格把控，确保产品能够满足当地尚未被满足的临床需求。同时，在药物申报审批阶段，对当地政策与市场特点的深入了解也不可或缺。

以美国市场为例，注册临床研究方案需得到食品药品监督管理局（food and drug administration，FDA）的认可，因此，药企应提前与 FDA进行预沟通，并在临床试验推进的过程中与其保持持续的交流。

总之，药企采取"借船出海"模式，需综合考量多种因素，制定全面的战略规划，以确保合作的顺利进行与最终的成功。

12.2.3　玛丽黛佳×卢浮宫：放大品牌形象

玛丽黛佳是一个致力于展现生活本真艺术的专业彩妆品牌，与卢浮宫的合作无疑为其在海外的发展增添了浓墨重彩的一笔。

玛丽黛佳与卢浮宫的联名之作——艺术限定系列彩妆礼盒，将艺术与生活巧妙地融为一体。该系列以卢浮宫镇馆之宝——"胜利女神"雕塑为设计灵感，将胜利女神的优雅与力量融入产品。其中，眼影、粉底与口红3 款限定产品均巧妙地将胜利女神的艺术元素与彩妆技术相结合，令人叹为观止。

其中，口红的设计尤为引人注目。在希腊精雕艺术的衬托下，女神的昂扬气势与"骑士"的勇敢无畏被巧妙地融合，赋予了这支口红无尽的生命力。此外，系列口红的不同色号均以卢浮宫的名作命名，如 V516 断臂——焦糖奶茶，V517 女神——玫瑰红棕，V518 加冕——复古红丝绒，V519 殿堂——枣泥红棕，每一个色号都承载着卢浮宫深厚的历史文化底蕴，让用户在涂抹间感受到古老文明的魅力。

作为国内彩妆界的翘楚，玛丽黛佳与卢浮宫的跨界合作，无疑是彩妆界与艺术界的一次碰撞。这次联名不仅赋予玛丽黛佳品牌更深厚的文化内涵与艺术底蕴，还为其品牌形象注入了新的活力，为其进军海外市场，让全球消费者领略中国彩妆的魅力，铺设了坚实的道路。这次合作的影响主要体现在以下四个方面：

1. 品牌形象的全面升级

卢浮宫作为全球知名的艺术殿堂，其深厚的文化底蕴和卓越的艺术价值早已深入人心。玛丽黛佳与卢浮宫的联名，使得品牌得以与艺术相结合，不仅提升了品牌的文化内涵，更赋予了品牌独特的艺术价值，使品牌形象焕然一新。

2. 品牌知名度的显著提升

卢浮宫作为世界级文化 IP，其强大的影响力和广泛的知名度不言而喻。玛丽黛佳通过与卢浮宫的联名，成功吸引了全球消费者的目光，借助卢浮宫的影响力，提升了品牌的知名度和影响力，让更多人了解并爱上玛丽黛佳这一中国彩妆品牌。

3. 国际市场的有力拓展

此次与卢浮宫联名，为玛丽黛佳进军国际市场提供了强大的支持。卢浮宫的国际知名度和影响力，使得玛丽黛佳能够更好地融入国际市场。联名产品的推出，不仅满足了国际市场对高品质、高文化内涵产品的需求，更通过艺术与彩妆的巧妙结合，展现了玛丽黛佳独特的品牌魅力和市场竞争力，进一步提升了其在国际市场中的地位。

4. 目标消费者的精准吸引

玛丽黛佳将年轻、时尚、追求个性的女性作为目标消费者。与卢浮宫的联名，符合这些消费者的审美需求，更通过产品背后的文化内涵和艺术价值，触动了她们的心灵，实现了品牌与消费者之间的深度共鸣与连接。

总体来说，玛丽黛佳与卢浮宫的联名是一次成功的跨界合作，通过将艺术与彩妆相结合，不仅提升了品牌形象和知名度，还拓展了国际市场，吸引了更多目标消费者的关注。

12.3　嫁接资本：出海也要有资本支持

有了资本的支持，企业能够在产品研发、市场推广等方面加大投入，提升竞争力。同时，资本还能帮助企业应对可能出现的风险和危机，提升企业的抗风险能力。

12.3.1　出海是主流投资方向

随着国内移动互联网红利逐渐消退，以及新行业领域的高门槛和壁垒，国内机构的发展空间需进一步拓展。然而，众多具备全球视野的创业者崭露头角，加之我国在供应链、数字基建等领域取得的显著进步，使得品牌出海和全球化的机遇与优势日益凸显。

从行业发展来看，近年来我国企业的海外拓展已覆盖多个领域。在电商领域，出海规模迅猛增长，不少领军企业已成功布局东南亚等市场；在游戏领域，我国企业在海外取得了显著的成绩，策略类游戏表现尤为出色；工具类产品在海外市场上一直有着旺盛的需求；在内容应用领域，以短视频和直播为代表的内容服务型产品逐渐在海外市场崭露头角。

如今，出海已成为众多投资者的首选投资方向，具体来说，投资者应关注五个领域：

（1）受益于消费市场变革的消费类企业，特别是那些具备高性价比产品优势或致力于品牌出海的企业。

（2）受益于区域再布局或新产业趋势的传统产业，如工程制造、基础材料和化工品等。

（3）新兴产业，如新能源汽车、机器人等。

（4）产业链龙头企业，如汽车零部件、电子产业链等。

（5）商业模式出海，如跨境电商及其下游产业链等。

随着我国不断推进高水平对外开放，我国与世界更加紧密地融合，未来将有更多源自我国的全球化品牌崭露头角。与此同时，我国投资机构也将加速其全球化进程，为更多品牌出海提供支持。

然而，出海之路并非坦途，企业需要应对海外市场的差异化、政策环境的变化以及文化差异等多重挑战。因此，企业需要深入了解目标市场，制定切实可行的战略，以期在国际市场中取得成功。同时，投资机构在关注出海项目时，也应具备专业的知识和深入的市场洞察，以降低投资风险，实现良好的投资回报。

12.3.2　融资是出海企业的必学课程

出海企业通常需要大量的资金来支持其海外市场的扩张、运营和营销活动。融资能够有效缓解资金压力，确保企业在海外市场的稳定运营和持续发展。

为了保持竞争优势，出海企业需要不断进行产品研发和技术创新。融资能够为企业提供必要的研发资金，支持企业在新产品、新技术和新服务上的投入。

企业在海外经营，会面临汇率波动的风险。融资可以帮助企业更好地管理汇率风险，通过合理的融资结构来降低汇率波动对企业经营的影响。此外，海外市场具有不确定性，融资可以增强企业的财务实力，提高企业抵御市场风险的能力。在市场出现波动或挑战时，企业能够有更多的储备资金来应对。

企业可以通过多种途径进行融资，如股权融资、债权融资、贸易融资等。股权融资包括引入风险投资、战略投资者等；债权融资包括银行贷款、发行债券等；贸易融资包括保理、出口押汇、进口押汇等。

在开展融资活动时，出海企业应明晰各种融资方式的特性、成本以及风险，并且依据自身所处的发展阶段、资金需求、风险承受能力等要素，来挑选适宜的融资渠道与方式。与此同时，企业也需要拥有良好的财务规划与管理能力，以提升融资成功的概率，并且保证资金得到合理运用。

此外，出海企业还需要关注国际经济形势、汇率波动等因素对融资的影响，以及不同国家和地区的金融市场和融资环境的差异。

总之，融资能力是出海企业在国际市场上取得成功的关键因素之一，掌握相关知识和技能，能够帮助企业更好地应对资金需求，降低风险，实现可持续发展。